U0369988

大夏书系
十年经典

教师礼仪

李兴国 田亚丽 编著

李兴国

上海市著名商标
ECNUP
华东师范大学出版社
全国百佳图书出版单位

前　言

教师是"人类灵魂的工程师"。中国有尊师重教的传统，并赋予教师崇高的地位，讲究尊重"天地君亲师"，推崇"一日为师，终身为父"。在现代社会中，教育是立国之本。中国教育部部长周济说："教育以育人为本，以学生为主导；办学以人才为本，以教师为主体。"教师不仅仅是教授知识的源泉，而且是传承文明的导师，教书育人的园丁，以身作则的楷模。"为人师表"不仅表现在课堂上，而且表现在生活中，表现在无数细节中。学生需要学习知识并不断更新，学习做人却是一辈子的事，传承文明则更是千秋大业，不可忽视。

古人言"礼者，人道之极也"、"不学礼，无以立"。育人就要讲礼仪。从孔夫子开始，礼仪就被列入必修的"六艺"之中了。今天，我们改革开放了，中国进入世界大家庭，我们不能让世界各国人笑话我们这个当年的礼仪之邦，说：今天的年轻一代变得"有知识没有文化，有知识没有常识"，不懂礼仪，没有礼貌。因此，教师应当成为讲究礼仪的典范，言传身教，弘扬文明的光荣传统。

所谓礼仪是指人类在社会交往活动中约定俗成的表示尊敬的行为规范与准则，具体表现为礼貌、礼节、仪表、仪式、礼品器物等。所谓教师礼仪，是指教师在从事教育、教务活动、履行职务时所必须遵守的礼仪规范。教师礼仪有自己特定的适用范围、特定的适用对象。与其他礼仪相比，教师礼仪具有以下特性：第一，教师礼仪具有鲜明的强制性：只要你进入这个职业就必须遵守。遵守职业礼仪要以职业规范为核心，以人民利益为重，不能随心所欲。良好的礼仪素质是需要许多小的牺牲的，"成人不自在，自在不成人"，教师礼仪就更是如此，需要有更多的自我克制、自我牺牲。同时，教师的礼仪素养也将使教师更有魅力、更有力量、带来更大的收获。第二，教师礼仪带有强烈的形象性：职业形象、学校的整体形象、教师队伍的整体形象。因而是否遵守教师礼仪就不再是个人行为，而是集体行为了。违反教师礼仪会带来严重的后果：因为当一个人处在教师职业状态时，他（她）的功能会被成倍地放大，会影响许多学生，波及广大的青少年，甚至对学生造成终身的影响。

礼仪的性质是一种行为规范与准则，是精神文明的外在体现。礼仪可以调整人际关系，构建和谐社会、和谐校园。

礼仪不是高科技，为什么普及那么难呢？其中最主要的原因之一就是很多人不重视。有些人认为礼仪是假招子，讲不讲礼仪无所谓。成功学家拿破仑·希尔说"世界上最廉价，而且能得到最大收益的一项特质，就是礼节"。人人都渴望成功，但是离礼仪有多远，离成功就有多远。美国 Syracuse 大学管理学院的研究人员曾经对《幸福》杂志所列的 100 家大公司的高级执行经理和人事主管同时进行了全面调查。调查结果显示，英国 93% 和美国 96% 的公司经理一致认为礼仪和个人形象对于获得成功非常重要。

为了弘扬文明礼仪我们还必须遵守以下基本原则：

（一）遵时守约原则。

遵时守约是指要遵守时间，信守诺言。约会要事先发出邀请，不论是邀请方，还是应邀方，一旦答应，就应按时履约。对教师而言，要以信义为本，提倡"一诺千金"。说到做到，做诚信的楷模，注意细节。上课准时，下课不拖堂。无论什么理由，不遵时守约都是不礼貌的。有再正当的理由，失约后也应道歉。

（二）公平对等原则。

公平对等是指尊重交往对象。对任何交往对象，无论是老师还是学生，无论贫富，智商高低，学习成绩如何，都必须一视同仁，给予同等程度的礼遇。不允许因为地位、财富以及与自己的关系亲疏远近等方面有所不同，就厚此薄彼，区别对待。交往中应公平大方，不卑不亢，主动友好，热情又有所节制。

特别提示：对礼仪的原则要辩证地理解，公平对等是指人格上公平对等，现实生活中不能搞绝对平均主义。例如：上车下车时总要有先有后，礼宾顺序与公平对等并不矛盾。

（三）和谐适度原则。

和谐适度是要求使用礼仪一定要具体情况具体分析，因人、因事、因时、因地恰当处理。应用礼仪时特别要注意做到把握分寸。认真得体，不卑不亢，热情大方，有理、有利、有节，避免过犹不及。分寸感是礼仪实践的最高技巧。运用礼仪时，假如做得过了头，或者做得不到位，都不能正确地表达自己的自律敬人之意。因此一定要做到和谐适度。

（四）宽容自律的原则。

宽容自律要求人们在交际活动中运用礼仪时，既要宽以待人，又要严于律己。要多容忍他人，多体谅他人，多理解他人，学会为他人着想，善解人意。宽容心怀、容纳意识和自控能力是现代人应具备的基本素质。只有能理解人，才能做到宽容大量，千万不要求全责备、斤斤计较、咄咄逼人。

自律是对待个人的要求，是礼仪的基础和出发点。最重要的就是要自我要求、自我约束、自我控制、自我对照、自我反省、自我检点，这就是所谓的自律原则。

法国著名思想家伏尔泰说过："我不同意你说的每一句话，但是我誓死捍卫你说话的权利。"牢记这句话对我们每一个人都应是终生受益的。

（五）尊重风俗禁忌原则。

尊重风俗禁忌是指世界每个民族地区都可能有自己独特的风俗禁

忌，我们应当理解它，尊重它，不违反这些风俗禁忌。中国有 56 个民族，风俗禁忌各不相同。世界各国宾客你来我往，我们要尊重他们的风俗习惯、宗教信仰、饮食禁忌等等。

（六）系统整体原则。

系统整体原则是指礼仪本身是一个完整体系。首先，内容是系统的，因而在对外交往和公关交往中，我们一定不能忽视它的整体性。搞错一个环节都可能招致"100 - 1 = 0"的效果。

作为教师，我们要正确领会礼仪、礼貌、礼节、仪式和教师礼仪的概念，领会礼仪的地位和作用，掌握教师礼仪的原则、方法，坚持科学发展观，为构建社会主义和谐社会，建设我们的和谐校园共同奋斗。

本书由李兴国负责制定框架结构，李兴国、田亚丽共同撰写完成，李兴国负责前言、第二章、第三章的第二、三节、第六章、第八章；田亚丽负责第一章、第三章的第一节、第四章、第五章、第七章。由李兴国统稿完成。

李兴国

2005 年 11 月 1 日

目 录
CONTENTS

第一章　教师的个人形象

教师仪态是教师与学生交流中最直接的表现。美国心理学家艾伯尔·梅柏拉，曾对语言行为传递信息的效果进行过因素分析，最后得出一个十分有趣的结论：课堂信息传递的总效果等于7%的文字＋38%的有声语言＋55%的态势语言。由此可见，态势语言在课堂讲授中发挥着重要作用。因此，教师在教学中，要正确运用态势语言，以增强教学效果。在教学活动中，教师的举手投足、面部表情等都反映着教师的修养水平及教学技能。教师仪态的一般要求是：站态要有安定感和力度，这样有利于学生提高情绪，振作精神；随着教学内容的变化，要求教师适当变化站姿；要用优美的手势正确地表达感情，不能指手画脚，盛气凌人；面部表情要丰富但不做作，要善于运用喜、怒、哀、乐、爱、恨、怨、叹等表情；在与学生交谈时，神态要热情、亲切，即使批评学生时，也不能用轻视、蔑视的眼光，因为学生往往从教师的神情中看到自己在教师心目中的地位和价值。事实证明，教师优雅大方、蓬勃洋溢的仪态，会带给学生有益的影响、会创造出充满生命活力的课堂。

第一节 ｜ 教师的个人卫生

教师的个人卫生反映着教师的精神面貌，将直接影响着他在学生心目中的形象。教师应有良好的卫生习惯，如经常洗澡、修剪指甲、理发、换衣等，上课前也应梳理头发、整理衣服。另外，教师应有一套合理的生活习惯，要妥善安排自己的工作、学习、娱乐、休息和其他活动。这样做既可以保证自己具有旺盛的精力，促进身体的健康，又可以给学生树立一个良好的榜样。

一、教师的清洁

教师的清洁，就是要在日常生活中注意健康，防止疾病，善待和爱护自己的仪容，使之尽可能地整整齐齐、清爽干净，绝不准杂乱无章、邋邋遢遢。注意清洁并非仅是一句空话，而是要在许多方面采取措施来保障的。具体而言：定期理发，最好半个月理发一次。时时把头发梳理得井然有序、整整齐齐，绝对不允许蓬乱不堪。另外，体味、口气、太浓的香水都是令人反感的。因此，需随身备有口香糖以便随时清除口气。不要喷过浓的香水，因为有不少人对香味过敏，如果他们闻到太刺鼻的香味就会避而远之，在课堂上又会影响学生听课的效果。

二、教师的面容

教师特殊的职业特点决定教师要养成勤洗脸的良好习惯。不仅早上起床之后、晚上就寝之前要洗脸，午休之后、劳动之后、外出碰上刮风下雨之后也要洗脸。坚持以正确的方法勤洗脸，可以促使面部皮肤进行良好的血液循环和新陈代谢，使人精神焕发，充满朝气，而且能够有效地清除滞留于面部的灰尘（粉笔灰）、污垢、汗渍、泪痕，使人显得清清爽爽。不可像猫咪洗脸一样，三下五除二就完事了，脖梗、耳朵却依旧"原封未动"。那些地方一样会为他人所注意，是"冷落"不得的。脸上生了疱疹、疖子，要立即去看医生，并遵照医嘱进行治疗。不要听之任之，或是乱挤、乱抠，弄得脸上伤痕累累，十分难看。

三、教师的头发

教师的头发整洁，具体也是有所指的。它要求教师不论留什么发型，都不能使自己披头散发，蓬乱不堪。最好的办法是在自己剪好头发或洗完头发后，用发胶或摩丝立即固定好发型，使其线条清晰，纹丝不乱。不论是男性，还是女性，作为教师都不准煞费心机地在自己头发上搞花样。比如，不准留大鬓角，不准剃"阴阳头"，更不准在发型上没男没女，让人"难辨性别"。留什么发型，得考虑年龄与脸型等特点。如老年男教师以"背头"发式为好，这种发型既与老年知识分子的气质相符，又可掩饰老年男教师秃鬓、谢顶的缺陷。体胖、颈短、脸宽的男中青年教师理平圆式、短长式较适合，它可使头部相应地显得长些，以弥补颈短、脸宽之不足。不属此类者，则以圆头式和中长式为佳。

女式发型要比男式复杂些。一般来讲，中年女教师以直发类的弧式和平直式较好，这既符合中年教师成熟的气质，也显得端庄、素雅。矮胖、圆脸的青年女教师则以发辫为较佳，它不仅可使体型显得修长而弥补矮胖的不足，更具有东方青年女子的传统美。瘦长、脸窄的青年女教师不妨选择卷发式，它可使面部和颈部显得丰满，且又"飞云不散"，雅致大方。

头发是一种自然的物质，经人很好地清洗、梳理，能给人以美的效果。良好的发型可使人仪表端庄，显得彬彬有礼。蓬头散发不只是对自己不尊重，也是对别人不礼貌。头发处于人体的"制高点"，其干净、整洁与否往往是他人一目了然的，而且也是他人的视线最先注意的地方。作为教师，应当像重视自己的服饰一样，对自己头发的干净与整洁给予高度的重视。所谓头发的干净，是要求人们养成周期性洗头的好习惯，通过定期勤洗头发，使之无异味、无异物。在一般情况下，至少要做到三天洗一次头发。倘若自己是油性头发，则应当两天左右洗一次。遇上某些特殊的情况，如刮大风、出汗等等，应当随时洗头，而不必拘泥于"定期"。参加一些比较正式的活动，尤其是参加自己有可能成为众人所注意的"焦点"的活动之前，最好专门洗理一次头发，使之不给自己添烦加乱。体育教师、爱出汗的教师，每天都应在上班之前特意检查一下自己的头发有没有怪味。要是自己站立于学生或他人中间，头发散发出一股怪味，对自己形象无异于是一次"重创"。爱掉头发的人、头屑过多的人，每次出门之前都要对自己的头发加以精心的检查与梳理，并且要把头顶上、脸上、衣服上、眼镜上，特别是肩背上从头上散落下来的落发、头屑认真地清理干净。不然就会给人以极其不洁的感觉。对灰尘、树叶、草梗之类飘落在头发上的东西，也要加以防范。

> **温馨提示**
>
> 修剪头发时，男教师应当求短忌长；女教师则不提倡剪怪异发型，忌"彩发"。

四、教师的手

除了面部之外，每个人的手部都是为他人所关注的另一个部位。教师的双手堪称是自己的"第二张名片"。它们在他人及学生的眼中，同样扮演着与普通名片一样的、为您进行自我介绍的角色。在这个意义上来讲，对自己的双手亦应倍加关照。手部需要注意之处，总的说来并不太多，干净仍然是对它的基本要求。教师要自觉地经常洗手，尤其是去过洗手间、外出归来和接触了脏东西之后，更不要忘记洗手。对自己的手还要多加保护。如果自己的双手粗糙、红肿、皲裂、蜕皮，并不等于自己操劳过度，而只能说明自己又懒又脏。在教学之中，教师的双手用得最多，所以要努力使之给别人留下好印象。要做到这一点需要：

1. 常洗手。在每个人身上，手是与外界进行直接接触最多的一个部位，教师就更是突出，所以非得勤洗不可。洗手，不应只是在饭前、便后，而且应当是在一切有必要的时候（尤其是下课后）。

2. 不要刻意蓄留长指甲。在修剪手指甲时，总的要求是忌长，并且要求经常地对它进行修剪。但是，这并不等于要求在修剪手指甲时花样翻新，要把自己的手指甲样子修得怪怪的，有意让它与众不同。对女教师而言，留长指甲非但毫无美感和实际用处，而且也极不卫生。即使您的长指甲沟"白白净净"，从卫生的角度来讲，它也是"藏污纳垢"之处。要经常修剪自己的指甲，最长不要让它长过自己的手指尖，绝不可以用牙齿去直接啃自己的指甲，也不要当众剪指甲。

3. 要及时地除去指甲沟附近的"暴皮"。它们实质上是手部接触脏东西之后的产物，因此让别人看到了绝无光彩可言。去除"暴皮"，要用剪子或指甲刀，不要用手去撕扯，搞得自己的指甲沟附近伤痕累累。

4. 不要把指甲涂得大红大紫。对教师而言，要求其整体形象优雅含蓄，涂抹彩色指甲油是不允许的。当然，要是为了保护指甲而使用无色的指甲油，则该当别论。

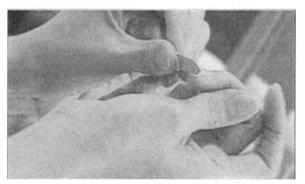

图1：女教师修剪指甲

总之，对于教师的个人卫生要求，每个教师做到"四不"：不随地吐痰，不乱倒污物，不随处吸烟，上班不佩戴夸张首饰。穿着打扮大方得体、言谈举止文明高雅；办公室布置整洁美观、办公用品摆放整齐。

第二节 | 教师的化妆

化妆，是一种通过对美容用品的使用，来修饰自己的仪容、美化自我形象的行为，简单地说，化妆就是有意识、有步骤地来为自己美容。

对一般人来讲，化妆最实际的目的，是为了对自己容貌上的某些缺陷加以弥补，以期扬长避短，使自己更加美丽，更为光彩照人。经过化妆之后，人们大都可以拥有良好的自我感觉，身心愉快、精神振奋，能缓解来自外界的种种压力，而且可以在人际交往中，表现得更为开放，更为自尊自信，更为潇洒自如。或许正因为如此，有一位哲人曾经发表高论："化妆是使人放弃自卑，与憔悴无缘的一味最好的良药。它可以让人们表现得更加自爱，更加光彩夺目。"

教师的职业决定教师的形象也是一种巨大的教育资源和教育力量，因此，无论是教师的外在形象还是教师的个性张扬，都应该服从这个前提。在人们的传统观念中，教师教书育人，容貌上朴素一些，是情理之中的事，而且还会显得平易近人。今天，素面朝天的老师已不再是学生们崇拜的对象。据一项针对中学生的调查显示，现在的中学生大都不喜欢女老师穿"复古装"，而喜欢老师打扮得时尚而又不失庄重。

教师无论是在着装上还是在仪表上都应该自然，落落大方。教师的化妆，一要美观，否则化妆的效果就适得其反；二要自然大方，否则学生的注意力就不会放在学习上，而是去研究教师今天的装扮了。一个教师的人格魅力主要还是从举手投足之间散发出来的，美是一种气质，一种修养。以下，就来简单介绍一下教师所必须了解并应认真遵守的有关化妆的基本礼仪规范。

温馨提示

　　教学活动是近距离的交往活动，互相看得真切，妆容不可重，一定要恰如其分，自然大方。

一、化妆的时间

　　化妆要视时间、场合而定。在工作时间、工作场合只能允许工作妆（淡妆）。浓妆只有晚上才可以用。外出旅游或参加运动时，不要化浓妆，否则在自然光下会显得很不自然。

　　每天早上化了妆再上班，其实也是工作的礼节之一。也许有人认为化妆是一种人工美，不够自然，其实化妆原本的目的就是强调脸部的优点，掩饰其缺点。就如有客人来到家中拜访时，你会把家里打扫干净；同样，到学校上班，必须以亲切的脸庞来面对学生，又怎能不稍加修饰呢？

　　另外，化彩妆的女教师在某些情况下，常会出现妆容残缺的现象。以残妆示人，既有损自己的形象，也显得对人不礼貌。因此及时察觉，适时补妆不可忽视。为了避免妆容残缺，化妆后要经常进行检查，尤其在上课之前，出汗、用餐、休息之后，应及时地自查妆容。如发现妆面残缺，要即刻补妆，不要拖延，以免给人留下不良印象。但补妆时，应回避他人，宜选择无人在场的角落或洗手间进行，切勿旁若无人地当众操作。由于补妆只是局部性修补，应该以补为主，只需在妆容残缺的地方稍作弥补即可，不必抹去旧妆重新化妆。如果晚间还要应酬，那么临去前应洗去残妆，重新化一个清新的晚妆。晚妆可以浓一些，但忌过于浓艳。当然也要注意适时补妆。

二、化妆的原则

教师在工作岗位上应当化淡妆，实际上就是限定在工作岗位上不仅要化妆，而且只宜选择淡妆这一化妆的具体形式。因此，有人将这一规定简洁地叫作"淡妆上岗"。淡妆的主要特征是简约、清丽、素雅，具有鲜明的立体感。它既要给人以深刻的印象，又不容许显得脂粉气十足。总的来说，就是要清淡而又传神，其原则为：自然、清新、优雅、整体协调。

三、化妆的技巧

谈起化妆，它实在不是简简单单的举手之劳，而是一种艺术性、技巧性很强的系统工程。若是不理解这一点，自以为化妆不过是一学就会，只是随便化化而已，将是徒劳无益的。在日常生活中，教师的化妆不仅有其基本的程序，而且亦有妆饰的重点与技巧。

（一）教师化妆的步骤

教师化妆的重点，一般包括护肤、美发、修眉、画眼、修饰唇形、呵护手部，等等。从技巧上讲，进行一次完整而全面的化妆，其程序与步骤也有一定之规。下面是女教师化妆基本步骤：

1. 洁面。用洗面奶去除油污、汗水与灰尘，使面部彻底清洁。随后，在脸上拍打化妆水，为面部化妆做好准备。

2. 涂敷粉底。先用少量的护肤霜，以保护皮肤免受其他化妆品的刺激。此外，它还使涂敷粉底更容易。接下来，在面部的不同区域使用深浅不同的粉底，使妆面产生立体感。完成之后，即可使用少许定妆粉，来固定粉底。

3. 描画眼眉。首先，修眉、拔眉、描眉。其次，沿着眉毛的根部，画好眼线。再次，运用睫毛膏、睫毛器，对眼睫毛进行"加工"、造型。最后，通过涂眼影来为眼部着色，加强眼睛的立体感。

4. 美化鼻部。即涂鼻侧影，以改变鼻形的缺陷。

5. 打腮红。使用胭脂扑打腮红是为了修饰美化面颊，使人看上去容光焕发。涂好腮红之后，应再次用定妆粉定妆。

6. 修饰唇形。先用唇笔描出口形，然后填入色彩适宜的唇膏，使红唇生色。

7. 修正补妆。检查化妆的效果，进行必要的调整、补充、修饰和矫正。至此，一次全套化妆彻底完成。

（二）教师的化妆技巧

1. 女教师的化妆技巧

（1）年轻女教师的化妆。年轻女教师妆容的特点是自然，予人以青春朝气和不加修饰之感。在化妆时宜突出两颊和嘴唇处，不宜描眉、涂眼影和涂较夸张的粉底。在技巧上，应清淡自然、似有若无，切忌浓妆艳抹，失去自然美。清新、自然是年轻女教师化妆的目标。

（2）中年女教师的化妆。中年正是保青春、延缓衰老的关键时期。这一时期的女教师除要注意皮肤的保养外，还应借助化妆留住青春。中年女教师化妆的原则是：淡雅。具体操作时，则应视五官不同情况强调优点、掩饰缺点。选择稍带粉红色调的粉底，以增添面部的青春气息；香粉则应是淡紫色调的，可令皮肤色泽更柔和白皙。涂搽胭脂时，宜面对镜子做微笑状，找出脸颊鼓起的最高处施以胭脂，胭脂的色调宜与自然肤色相近，以求淡雅效果。

（3）中老年女教师的化妆。由于中年女性面部普遍布有皱纹，因而化妆重在掩饰。可选用稍暗色调的粉底，在有皱纹地方轻轻涂抹，应沿着皱纹纹路的起向轻涂，垂直涂抹粉底会使之存留于皱纹之中，使皱纹更为明显。为进一步掩饰皱纹，必须降低皮肤的亮度，所以应用质好细腻的香粉扑面。中年女教师的化妆宜突出自然、优雅之感。

化妆是生活中的一门艺术，适度而得体的化妆，可以体现女教师端庄、美丽、温柔、大方的独特气质，以达到振奋精神和尊重学生的目的。

2. 男教师的化妆技巧

男教师化妆时的重点修饰部位：耳朵、眼部、牙齿、鼻子、胡须。

（1）耳朵的修饰。耳孔里，不仅有分泌物，还有灰尘。要经常进行耳部的清洁。不过一定要注意，这个举动绝对不应该在课堂上进行。如果有耳毛的话，还要及时进行修剪。

（2）眼部的修饰。眼部是被别人注意最多的地方。所以时刻要注意眼部的清洁，避免眼屎遗留在眼角，并让眼睛能够得到足够的休息。有些男教师喜欢戴墨镜。墨镜主要适合在外活动时佩戴，来防止紫外线损伤眼睛。体育教师在室外上课时忌戴墨镜。在社交场合、室内最好不要佩戴墨镜。

（3）牙齿的保洁。保持牙齿清洁，首先要坚持每天早晚刷牙。不要敷衍自己，应该顺着牙缝的方向上下刷，牙齿的各部位都应刷到。如果牙齿上有很明显的不易去除的牙垢，或是牙齿发黄，可以去医院或专业洗牙机构洗牙，使牙齿看起来更加洁白、健康。不吸烟、不喝浓茶是防止牙齿变黄的有效方法。

（4）鼻部的修饰。早晚洁面时注意清洁鼻子。特别是经过较长时间在室外上课的体育教师，更要注意清洁鼻子内外，起码不要让人看到"乌溜溜"的鼻孔。有鼻液要及时用手帕或纸巾擦干净。忌当众用手去擤鼻涕、挖鼻孔、乱弹或乱抹鼻垢，更不要用力"哧溜、哧溜"地往回吸，那样既不卫生又让人恶心，一定要在没有人的地方清理，用手帕或纸巾辅助进行，还应避免搞得响声太大，用完的纸巾要自觉地放到垃圾箱里。平时还要注意经常修剪鼻毛，不要让它在外面"显露"，也不要当众揪拔自己的鼻毛。

（5）胡须的处理。如果没有特殊的职业需要、宗教信仰或民族习惯，应该把每天刮胡须作为自己的一个生活习惯，不可以胡子拉碴地出现在学生面前。

注意个人形象是每个教师应有的责任和义务，因为教师是学生的表率。良好的仪表对于教育者来说，是一种修养，一种文化，也是一种精神文明。

第三节 | 教师的站姿

教师在讲台上的站姿优美与否，其感召力是不一样的，教师的站姿应给人以挺拔笔直、舒展大方、精力充沛、积极向上的印象。站姿在一定程度上反映了一个教师的精神面貌和对课堂的投入程度。因而教师的站姿在稳重之中还要显出活力，不要过于拘谨和呆板。教师站在讲台上要精神振作，潇洒大方。要随时根据授课内容和课堂情景的变化调整站姿，适当走动，要善于运用恰到好处的动作和站姿来配合自己的语言表达。

一、教师在讲课时站的位置

讲课时，教师站在教室的前中央为最佳位置，即讲桌与黑板之间，这样做可以提高课堂教学效率。教师站在讲桌与黑板之间，除两边的学生外，大多数学生是直视的，这对保护视力有益处。若站在一角，则大部分学生的视线是斜的。踱步讲课，学生目光随之移动，久而久之对学生的视力也会有影响。此外，教师讲课总是辅之以板书，还要随时参阅教案，站在讲桌与黑板之间，口述笔写，随手可到，浏览教案，低头可及，既节约时间又方便应手。若站在一角或踱来踱去讲课，板书时需向黑板靠拢，参阅教案时又要向讲桌靠拢，这既浪费时间又不方便。

二、教师正确的站姿

站姿是教师在课堂中最重要的举止之一。在课堂上，教师不同的站立姿势，对学生的心理有不同的影响。

1. 站姿的要求：端正、稳重、亲切、自然。

2. 正确的站姿

（1）正向抬头，双目平视前方，嘴唇微闭，面带微笑，自然平和。

（2）两肩平行、放松，稍往下压，使人体有向上的感觉。

（3）躯干挺直，身体重心应在两腿的中央，做到挺胸、收腹、立腰。（这样会给学生以"力度感"）

（4）双臂自然下垂于身体两侧，或放在身体前。

（5）双腿直立，两足分开 20 公分左右的距离或两脚靠拢，脚尖呈"V"字型。女教师两脚可并拢。男教师双腿张开与肩宽，保持身体的端正。

三、学生回答问题时教师的站姿

1. 学生回答问题，教师身体微微前倾，这种姿势表明对学生说的话感兴趣，也表明教师的注意力都集中在学生身上，没有走神，增加了亲切感。

2. 学生回答问题时，教师错误的站姿

（1）自己板书，背对学生，给学生一种不礼貌的感觉，学生也不能从教师的表情中判断自己的回答是否正确，是否需要继续回答。

（2）双手放在裤袋里或两手反在背后，一副师道尊严、居高临下的姿态，没有一点亲切感。

四、教师站姿的注意事项

1. 学生自习时，老师可以用手撑住桌沿，把重心移到某只脚上，但不能长时间手撑桌面，免得学生认为您疲惫不堪，影响听课情绪。

2. 擦黑板时，教师的站立要稳，不能全身猛烈抖动，左右摇晃，此举会破坏教师的课堂形象。

3. 教师讲课的站位不能呆板地固定在一点上，应适当地移动位置，或到学生座位行间进行巡视。

4. 忌侧身而站。心理学研究表明，侧身而站和面向黑板而站说明教师的心理是封闭的，不利于阐述教学内容，而且给学生留下缺乏修养的印象。

5. 忌站时重心移动太快。站时重心忽左忽右，彰显信心不足、情绪紧张、焦虑。面对学生站稳，表明教师准备充足，有信心上好这堂课，有能力控制整个教学局面。

6. 忌远离讲桌，站在讲台的前左角或前右角；"打游击"左右来回移动；或者在学生座位行间踱来踱去，不符合礼仪规范和卫生要求。

7. 忌教师把双手交叉抱在胸前或背在身后，这些动作会给学生一种傲慢的感觉。

8. 如果站立过久，可以将左脚或右脚交替后撤一步，但上身仍须挺直，脚不可伸得太远，双腿不可叉开过大，变换也不能过于频繁。

9. 站立时，忌全身不够端正、双脚叉开过大、双脚随意乱动、无精打采、自由散漫的姿势。

第四节 ｜ 教师的坐姿

教师的坐姿，是一种静态造型。端庄优美的坐姿，会给学生以优雅、稳重、自然、大方的美感，从而提升教学效果。

一、教师落座的方法

女教师在落座前应回视座椅，右腿退后半步（视面部朝向而定），待右小腿后部触到椅子后，方可轻轻坐下（如着裙装，需同时整理好）。坐定后，膝盖并拢，腿可以放在身体正中或一侧。如果想跷腿，两腿需并紧。女教师若着短裙一定要小心盖住膝盖（在讲台上需落座的女教师，不适合穿短裙）。男教师落座时，膝部可以分开一点，但不要超过肩宽，也不能两腿叉开，半躺在椅子里。

二、教师坐姿的方式

1. "正襟危坐"式。适用于课堂上或正规集会。要求是：上身和大腿、大腿和小腿，都应当形成直角，小腿垂直于地面。双膝、双脚包括两脚的跟部，都要完全并拢。（图2）

2. 双腿斜放式。它适合于穿裙子的女教师在较低的位置就座时所用。要求：双腿首先并拢，然后双脚向左或向右侧斜放，力求使斜放后的腿部与地面呈45°。（图3）

图2："正襟危坐"式　　图3：双腿斜放式

3. 前伸后曲式。这是女教师适用的一种坐姿。要求：大腿并紧后，向前伸出一条小腿，并将另一条腿屈后，两脚脚掌着地，双脚前后要保持在一条直线上。（图4）

图4：前伸后曲式

4. 双腿叠放式。适合穿短裙的女教师采用。要求：将双腿一上一下交叠在一起，交叠后的两腿间没有任何缝隙，犹如一条直线。双脚斜放在左或右一侧。斜放后的腿部与地面呈45°，叠放的上脚尖垂向地面。

5. 双脚内收式。它适合与学生交谈时采用，男女教师都适合。要求：两条大腿首先并拢，双膝可以略为打开，两条小腿可以在稍许分开后向内侧屈回，双脚脚掌着地。（图5）

6. 垂腿开膝式。它多为男教师所用，比较正规。要求：上身和大腿、大腿和小腿都成直角，小腿垂直于地面。双膝允许分开，分的幅度不要超过肩宽。（图6）

7. 双脚交叉式。它适用于各种场合，男女教师都可选用。双膝先要并拢，然后双脚在踝部交叉。需要注意的是，交叉后的双脚可以内收，也可以斜放，但不要向前方远远地直伸出去。（图7）

图 5：双脚内收式　　　图 6：垂腿开膝式　　　图 7：双脚交叉式

三、教师坐姿要求

1. 头要端正。不出现仰头、低头、歪头、扭头等情况。整个头部看上去，应当如同一条直线一样，和地面相垂直。在办公时可以低头俯看桌上的文件等物品，但在回答学生问题时，必须抬起头。在和学生交谈的时候，可以正向对方，或者面部侧向对方，不可以把头后部对着对方。

2. 上身直立。坐好后，身体也要端正。需要注意的地方有：

（1）倚靠椅背。倚靠座椅主要用以休息。在教室就座时，不应把上身完全倚靠在座椅的背部，最好不要倚靠。

（2）占用椅面。在课堂上，不要坐满椅面，最合乎礼节的是占椅面的3/4左右。

（3）身体的朝向。交谈的时候，为表示重视，不仅应面向学生，而且同时将整个上身朝向对方。

3. 手臂的摆放。

（1）手臂放在双腿上。双手各自扶在一条大腿上，也可以双手叠放后放在两条大腿上，或者双手相握后放在双腿上。

（2）手臂放在身前桌子上。把双手平扶在桌子边沿，或是双手相握置于桌上，也可以把双手叠放在桌上。

（3）手臂放在椅子扶手上。当正身而坐时，要把双手分扶在两侧扶手上；当侧身而坐时，要把双手叠放或相握后，放在侧身一侧的扶手上。

四、教师坐姿禁忌

1. 双腿叉开过大。双腿如果叉开过大，不论大腿叉开还是小腿叉开，都非常不雅观。特别是身穿裙装的女教师更不要忽视这一点。

2. 架腿方式欠妥。坐后将双腿相架的正确方式：两条大腿相架、并拢。忌把一条小腿架在另一条大腿上，两腿之间留出大大的空隙，显得过于无礼。

3. 双腿直伸出去。那样既不雅观又妨碍别人。身前如果有桌子，双腿尽量不要伸到外面来。

4. 将腿放在桌椅上。为图舒服，把腿架在高处，甚至抬到身前的桌子或椅子上，这样的行为过于粗鲁。不允许把腿盘在座椅上。

5. 抖腿。坐时，不停地抖动或摇晃腿部，不仅让人心烦意乱，也给人以不安稳的印象。

6. 脚尖指向学生。不管采用哪一种坐姿，都不要以脚尖指向学生，这种做法缺乏礼数。

7. 脚蹬踏它物。坐下后，脚部要放在地上。忌用脚乱蹬乱踩。

8. 用脚自脱鞋袜。在学生面前就座时，用脚自脱鞋袜，显然是不文明之举。

9. 手触摸脚部。就座以后用手抚摸小腿或脚部，既不卫生又不雅观。

10. 手乱放。就座后，双手应放在身前，有桌子时放在桌上。不允许单手、双手放在桌下，或是双肘支在面前的桌子上，或夹在两腿间。

11. 双手抱在腿上。双手抱腿，本是一种惬意、放松的休息姿势，在教室和办公室不宜如此。

12. 上身向前趴伏在讲台上。不要在教室中出现上身趴伏在讲台上的姿态，显得无精打采。

13. 仰靠椅背，翘起并摇动二郎腿，会给学生傲慢和随意的印象。

14. 漫不经心地手托下巴。

15. 懒散懈怠地坐在椅子上转身板书。

五、不同场合的坐姿

1. 在比较轻松的场合，可以坐得比较舒展、自由。

2. 比较严肃的场合谈话时，适合正襟危坐。要求上体正直，落座在椅子的中部，双手放在桌上、或将手放在扶手上。并膝、稍分小腿或并膝、小腿前后相错、左右相掖。

3. 女教师在社交场合，为了使坐姿优美，可以采用略侧向的坐姿，头和身子朝向对方，双膝并拢，两脚相并、相掖、一前一后都可以。在落座时，应把裙子理好、掖好，以免不雅。

4. 如对方是尊者、贵宾，坐姿要端正，坐到椅面的 3/4 处，身体稍向前倾，向对方表现出积极、重视的态度。

5. 与学生在办公室谈话时，上身微前倾，眼睛平视学生，面带微笑，让学生感到亲切、真诚。（图 8）

图 8：教师与学生促膝谈心

总之，教师优雅的坐姿，向学生传递着自信、友好、热情的信息，同时也显示出教师高雅、庄重的良好风范。

第五节｜教师的走姿

教师在课堂上如果能适当走动，变换一下位置，可以改变学生注视教师的角度，减轻视觉疲劳。教师的走姿要优雅、稳重、从容、落落大方。

一、教师规范的走姿

1. 起步时以站姿为基础，上身略为前倾，身体重心在前脚掌上，步态轻盈稳健。

2. 速度适中，不要过快或过慢，过快给人轻浮印象，过慢则显得没有时间观念，没有活力。

3. 头正颈直，两眼平视前方，面色爽朗。

4. 上身挺直，挺胸收腹。

5. 行走时双肩平稳，双臂以肩关节为轴自然摆动，摆动幅度以30—40 cm为宜。

6. 身体重心在脚掌前部，两脚跟走在一条直线上，脚尖偏离中心线约10°。

7. 女教师行走时要走成一条直线，脚步要行如和风，自如、匀称、轻柔。

8. 男教师行走时则要走成两条直线，脚步要大方、稳重、有力。

9. 步幅要适当。着装不同，步幅也要有所不同。

二、教师走姿的特点

1. 教师走姿的特点

教师行走步伐要稳健、自信、刚劲、有力，体现一种胸有成竹、沉稳自信的风度和气质。

2. 教师行走的频率

教师行走的步幅、步频要依据不同场合而定。一般的课堂行走，步频慢，每秒约1至2步，且步幅小；欢快、热烈的场合步频较快，每秒2.5步左右，步幅应较大，如：带领学生外出游览；庄严的大会，步频以每秒2步为好，步幅自然。行走时挺胸抬头，目视前方，摆臂自然。

三、教师走姿禁忌

1. 忌弯腰曲背。教师在课堂中的来回走动是不可缺少的。走时，身板要挺直，两肩要端平。

2. 忌步履蹒跚。走动的速度要根据具体情况来定。走得太慢，使人着急，给人一种漫不经心的感觉；走得太快，使人感到慌乱。

3. 忌面无表情。教师在校园内行走要始终保持微笑，给学生以亲切感。

4. 忌东张西望。教师行走时应随时保持步姿从容不迫，快慢自然，矫健轻快。

5. 忌步子迈得过大或过小，以免有跨越感或谨小慎微感。

6. 忌敞开衣襟。教师的走姿应当端庄，行走中不敞开衣襟，不斜披衣服。

7. 忌拖着鞋走路。

8. 忌勾肩挎臂并排而行。

9. 忌走路时吸烟、吃东西。

10. 忌课堂上走动过频过急。课堂上行走过急会分散学生的注意力，引起学生的反感。

第六节 | 教师的目光

教师的眼睛是最重要的教学"工具"之一，教师与学生交往，双眼以祥和的目光注视着对方，这是一个相当重要的礼仪，这样会让学生觉得您为人正直。如果眼神飘浮不定，学生会觉得您缺乏可信度。师生之间欲建立良好的默契，在交谈过程中，应用60%的时间注视着学生，注视的部位是两眼和嘴之间的三角区域，这种信息的传接，会被正确而有效地理解。教师在交往中，特别是和学生的交往中，若想获取成功，就要以期待的目光，注视着学生讲话，面带浅淡的微笑和不时的目光接触，这种温和而有效的方式，会营造出一种温馨的氛围。

一、教师目光的运用

目光是非言语交流的重要手段，教师要善于运用这种交流手段，透过学生的眼睛，洞察其内心世界；教师还要善于利用自己的眼睛，对学生实行心理控制，促成心理相容。

1. 不能对学生或他人长时间凝视，否则将被视为一种无礼行为。

2. 与学生谈话时，眼睛注视对方眼睛或嘴巴的"三角区"。标准注视时间是交谈时间的30%—60%，称为"社交注视"。

（1）目光注视对方的时间超过整个交谈时间的60%，属超时注视，使用这种眼神看人是失礼行为。

（2）眼睛注视对方的时间低于整个交谈时间的30%，属低时注视，也是失礼的注视，表明您对学生、对谈话都不感兴趣。

3. 眼睛转动的幅度与快慢，忌太快或太慢。眼睛转动稍快表示有活力，但如果太快则表示不真诚、给人不庄重的印象，同时，眼睛也不能转得太慢，否则为"缺乏生气"。

4. 恰当使用亲密注视，和亲近的人谈话（与学生单独交谈），可以注视他（她）的整个上身，叫"亲密注视"。

5. 学生在课堂上回答问题错误时，一定会感到很尴尬，怕同学们嘲笑，蔑视他（她）。这时您不要看着他（她）的脸，或看一眼后又马上转移您的视线。这样，学生会认为您在用目光讽刺嘲笑他（她）。

6. 师生在交谈中，应注视对方的眼睛或脸部，以示尊重别人，但是，当双方缄默无语时，就不要再老是看着对方的脸。因为双方无话题时，本来就有一种冷漠、踌躇不安的感觉。如果此时您注视学生，势必使对方显得更尴尬。

7. 学生离开办公室时，要等学生转过身并走出一段路后，您才能转移目送学生的视线。

当几十双充满渴望与关注的眼睛注视着你时，作为教师，你该以怎样的目光去面对？是慈爱、鼓励，还是冷漠、鄙视？学生希望教师的目光是慈爱的。因为这是妈妈特有的，它温柔、体贴，能让学生体验到最大的快乐与爱。因此，作为女教师，更应以母性特有的温柔与慈爱来关心、爱护每名学生，让他们在教师眉宇间流露出的情感中，感受真爱、体贴、重视、关怀，使他们在关切中健康、快乐地成长。

知识窗

眼睛是大脑与外界沟通的"桥梁"，眼球底部有大量的神经元，它们的功能就如同大脑皮质细胞一样具有分析综合能力；而瞳孔的变化、眼球的活动等又直接受来自于大脑的动眼神经的支配，所以人的情感也就会自然地从眼睛中反映出来。瞳孔的变化是无法自主控制的，瞳孔的放大和收缩真实地反映了复杂多变的心理活动。如当一个人感到愉悦、喜爱、兴奋时，他的瞳孔就会扩大到比平常大四倍；相反，若遇到生气、讨厌、不愉快等消极的心情时，人的瞳孔则会收缩得很小；如果瞳孔没有发生什么变化，那么则表示一个人对他所看到的事物漠不关心或者感到无聊。

二、教师目光禁忌

学生渴望教师的目光是鼓励的。因为它能给学生以自信和力量，增强学生的自尊心、上进心。他们从这种目光中得到鼓励，迎着这种目光，他们敢于大胆地表达自己的观点和要求，敢说自己想说的话，敢做自己想做的事，使他们最大限度地享受自由、张扬个性。

1. 忌责怪的目光。这种目光容易使学生产生逆反心理，造成学生对教师的抵抗情绪，割裂师生间的友谊，使两者矛盾激化，不利于学生健康人格的发展。

2. 忌漠视的目光。只顾做自己的事，不看对方说话，是怠慢、冷淡、心不在焉的流露。这种目光极易使学生的自尊心受到伤害，造成学生产生极大的自卑心理，任何活动不敢积极参与，甚而至于对任何事情都缺乏信心和兴趣，沉默寡言，最终导致性格上的孤僻、冷漠、自私。

3. 忌看完学生突然一笑，是一种讥讽。

4. 忌面无悦色的斜视，是一种鄙意。

温馨提示

教师眼语大忌

瞪眼——教师把眼睛瞪得大大的，表示你对学生不满，这种目光会让学生产生更大的敌意。

盯——不管有意无意，盯着学生都是不礼貌的。这种目光会引起对方较强烈的心理反应，容易造成误会，让学生产生压力。

眯眼——眯着眼睛看人，除了让学生产生你是否眼镜度数不够的疑问外，还表示你想隐藏自己的心理而窥视他人。

斜视——从眼角把目光投向学生，传递的是一种漠然、漠视和漫不经心甚至是轻蔑的情绪。

注视可以表示师生之间在课堂上的相互尊重。教师在上课时对某学生注视较多，这个学生就会感到亲切而专心听讲。而教师对另一个学生连看也不看一眼，他（她）会认为教师对他（她）很蔑视。因此，要做到目光照顾到班上每个学生，教师在上课时就要学会调整角度，照顾到各个方面。如：在课堂上，教师用目光调整学生的注意力。对专心听讲的学生用热情的目光，表示教师满意的心情；对精力不集中、做小动作或窃窃私语的学生，教师用冷漠的目光注视几秒钟，待双方目光接触以后再移开，这样既起到了告诫的作用，又保护了学生的自尊心。

教师在与学生的交流中，要根据不同的情况，采取不同的注视行为，不同的注视行为对师生交流的性质和交流的结果会产生不同的影响。教师与学生之间宜采用亲密注视，教师看着学生的眼睛和前额之间，会对学生产生一种强有力的影响，而且看上去也会显得亲切、自然。教师对学生的教育和帮助会产生积极的效果。

第七节 ｜ 教师的微笑

在国际交往中，如果语言障碍无法交流，微笑则是迅速达到预期交流的"润滑剂"。微笑即是在脸上露出愉快的表情，是善良、友好、赞美的表示。在绝大多数国际交往场合中，微笑都是礼仪的基础。亲切、温馨的微笑能和不同文化背景的人迅速缩小彼此间的心理距离，创造出交流与沟通的良好氛围。

世界上很多著名的企业家给予微笑很高的评价，甚至奉其为治店法宝、企业的成功之道。美国一家旅行社总裁曾衷心告诫航空公司的空姐们："Smile，Smile，Smile 等于成功。"

　　泰国曼谷东方饭店，曾数次摘取了"世界十佳饭店"的桂冠，其成功秘诀之一，就在于把"笑容可掬"列入迎宾的规范，而获得殊荣。

　　微笑是指不露牙齿，嘴角的两端略向上翘起，眼神中有笑意。人际交往中为了表示尊重，相互友好，微笑是必要的。微笑是一种健康的、文明的举止。一张甜蜜的带着微笑的脸总是受人喜爱的。微笑是教师在教育教学中的重要体态语。她就像一缕缕晴和灿烂的阳光，一串串晶莹剔透的甘露。如果您希望做一个受学生欢迎的教师，第一要旨就是学会微笑。生活中，当您正忧心忡忡，当您正满腹怒气，迎面来了同事朋友或者铃声正催您进课堂，您会用怎样的表情面对学生？作为教师，我们一般会在其他成年人面前注重自己的表情，会懂得在适当的时候掩饰自己的情绪。可是，面对学生，很多教师就不在意了，喜怒哀乐都放在脸上，这恰恰是教师的一大禁忌。

　　学生往往比我们想象的更会察言观色，并且常根据老师的表情来猜测老师对自己的感觉。如果老师带着自己的不愉快走进教室，孩子会误认为老师不喜欢自己。老师的情绪对学生的影响无疑是巨大的；

对学生保持微笑吧，那不仅仅是保持了教师的良好形象，更显示了您伟大的人格魅力。

一、教师微笑的作用

"你今天对客人微笑了没有？"这是美国希尔顿旅馆总公司的董事长康纳·希尔顿在50多年里，不断到他设在世界各国的希尔顿旅馆视察业务时经常问及各级人员的一句话。他说："无论旅店本身遭受的困难如何，希尔顿旅馆服务员脸上的微笑，永远是属于旅客的阳光。""旅店里第一流的设备重要，而第一流服务员的微笑更重要，如果缺少服务员的美好微笑，好比花园里失去了春日的太阳和春风。假如我是顾客，我宁愿住进那些虽然只有残旧地毯，却处处可见到微笑的旅馆，而不愿走进只有一流设备而不见微笑的地方。"正是运用微笑的魅力，帮助其度过了20世纪30年代美国空前的经济大萧条，获得了世界性的大发展。可见，微笑是一门学问，又是一门艺术，随着人际交往的频繁，微笑越来越少不了。

笑，即脸上露出愉快的表情，或发出欢喜的声音。在中国的语言文学中有微笑、娇笑、冷笑、狞笑、狂笑、奸笑、诌笑、苦笑、耻笑、讥笑、讪笑等各种特色的笑。不同的笑，表达着不同的心态和感情，传递着各种信息。使人与人之间彼此缩短心理距离，并能创造出交流和沟通的良好氛围的莫过于亲切、温馨的微笑。微笑，它同眼神一样是无声的语言，是人际交往中的"润滑剂"，是一种广交朋友的有力手段。也是人们表达愉快感情的心灵的外露，是善良、友好、赞美的象征。一种有分寸的微笑，再配上优雅的举止，对于表达自己的主张，争取他人的合作，会起到不可估量的积极作用。

笑容是一种令人感觉愉快的面部表情，它可以缩短师生之间的心理距离，为深入沟通与交往创造温馨和谐的氛围。因此人们把笑容比作师生间交往的润滑剂。在笑容中，微笑最自然大方，最真诚友善。

世界各民族普遍认同微笑是基本笑容或常规表情。在师生交往中，保持微笑，具有举足轻重的作用。

1. 表明心境良好。面露平和欢愉的微笑，说明心情愉快，充实满足，乐观向上，善待人生，这样的教师才会产生吸引学生的魅力。

2. 表明充满自信。面带微笑，表明对自己的能力有充分的信心，以不卑不亢的态度与学生交往，使学生产生信任感，容易被学生真正地接受。

3. 表明真诚友善。微笑反映自己心底坦荡，善良友好，待人真心实意，而非虚情假意，使学生与教师交往中自然放松，不知不觉地缩短了心理距离。

4. 表明乐业敬业。工作岗位上保持微笑，说明热爱本职工作，乐于恪尽职守。如在课堂上，微笑更是可以创造一种和谐融洽的气氛，让学生倍感愉快和温暖。

真正的微笑应发自内心，渗透着自己的情感，表里如一，毫无包装的微笑才有感染力，才能被视作沟通的"增效剂"。

二、微笑的训练方法

在社会交往中笑有多种方式，其中最美的是微笑。发自内心的微笑是渗透情感的微笑，包含着对人的关怀、热忱和爱心。情是微笑的一种重要内力，它赋予微笑以色彩、能量，从而形成强烈的感染力。

1. 微笑的基本方法：先要放松自己的面部肌肉，然后使自己的嘴角微微向上翘起，让嘴唇略呈弧形；然后，在不牵动鼻子、不发出笑声、不露出牙齿的前提下，轻轻一笑。

微笑除了要注意口形之外，还需要注意与面部其他各部位的相互配合，尤其是眼神中的笑意，整体协调才会形成甜美的微笑。

2. 微笑练习

（1）对镜练习。使眉、眼、面部肌肉、口形在笑时和谐统一。

（2）诱导练习。调动感情，发挥想象力，或回忆美好的过去、愉快的经历，或展望美好的未来，使微笑源自内心，有感而发。

教师的微笑可以表现出温馨、亲切的表情，能有效地缩短师生的距离，给学生留下美好的心理感受，从而形成融洽的交往氛围。微笑可以反映教师崇高的修养，待人的至诚。微笑有一种魅力，它可以使强硬者变得温柔，使困难变容易。微笑是师生交往中的增效剂，微笑是化解师生矛盾的有效手段。

第八节 ｜ 教师的手势

手势是一种极其复杂的符号，能够表达一定的含义。在人际交往中，手势更能起到直接沟通的作用。对方向你伸出手，你迎上去握住他，这是表示友好与交往的诚意；你若无动于衷地不伸出手去，或懒懒地稍握一下对方的手，则意味着你不愿与其交朋友。鼓掌是表示赞许、感谢的意思。在交谈中，你向对方伸出拇指，自然是表示夸奖，而若伸出小指，则是贬低对方。这些都是交往双方不言自明、不可随意滥用的符号。而人们常常因在人际交往中，不由自主地表现出一些不适当的手势动作，影响友好的沟通。据学者们研究，手势与表情结合，可传导信息的40%。恰当的手势往往是在内心情感的催动下，瞬间自然做出来的。手势可以反映人的修养、性格。手势对于增强教学效果具有十分重要的作用。所以教师要注意手势语言的运用幅度、次数、力度等技巧。在教学实践中，以各种不同形态的造型，描摹事物的复杂状态，传递潜在心声，显露教师心灵深处的情感体会与优雅的举止。

一、教师的手势语言

布罗斯纳安认为"手势实际上是体态语的核心"。古罗马政治家西塞罗说过："一切心理活动都伴有指手画脚等动作。手势恰如人体的一种语言，这种语言甚至连野蛮人都能理解。"法国大画家德拉克洛瓦则指出："手应当像脸一样富有表情。"他们的话从不同侧面指出了手势的重要性。通常情况下，人们通过手的接触或手的动作可以解读出对方的心理活动或心理状态，同时还可将自己的意图传达给对方。

1. 教师手势的作用

（1）澄清和描述事实。

（2）强调事实。

（3）吸引注意力。

2. 教师手势的类型

作为教师，讲课时，都需要配以适度的手势来强化讲课效果。手势要得体、自然、恰如其分，要随着相关内容进行。一般而言，手势由进行速度、活动范围和空间轨迹等三个部分所构成。在教学中，主要被用以发挥表示形象、传达感情等两个方面的作用。教师各种不同的手势语，可分成四种类型。

（1）形象手势，用来模拟状物的手势。

（2）象征手势，用来表示抽象意念的手势。

（3）情意手势，用来传递情感的手势。

（4）指示手势，指示具体对象的手势。

3. 教师的基本手势

（1）垂放，是教师最基本的手姿。

①双手自然下垂，掌心向内，叠放或相握于腹前。（图9）

②双手伸直下垂，掌心向内，分别贴放于大腿两侧。（图10）

图 9：教师的手势　　　图 10：教师的手势

（2）背手，多见于站立、行走时，既可显示教师的权威，又可镇定自己。应用方法：双臂伸到身后，双手相握，同时昂首挺胸。

（3）持物，即用手拿东西。其做法多样，既可用一只手，又可用双手，但最关键的是，拿东西时应动作自然，五指并拢，用力均匀。忌翘起无名指与小指，故作姿态。

（4）鼓掌，是用以表示欢迎、祝贺、支持的一种手姿，多用于会议、演出、比赛或迎候嘉宾。

应用方法：是以右手掌心向下，有节奏地拍击掌心向上的左掌。必要时，应起身站立。但是，不应以此表示反对、拒绝、讽刺、驱赶之意，即不允许"鼓倒掌"。

（5）夸奖，这种手势主要用以表扬学生。

应用方法：伸出右手，翘起拇指，指尖向上，指腹面向被称道者。但在交谈时，不应将右手拇指竖起来反向指向其他人，因为这意味着自大或貌视。以之自指鼻尖，也有自高自大、不可一世之意。

（6）指示，是用以指示方向的手姿。（图11）

图11：指示方向的手姿

应用方法：是以右手或左手抬至一定高度，五指并拢，掌心向上，以其肘部为轴，朝一定方向伸出手臂。

二、教师应用手势的礼仪

1. 大小适度。在社交场合，应注意手势的大小幅度。手势的上界一般不应超过对方的视线，下界不低于自己的胸区，左右摆的范围不要太宽，应在自己胸前或右方进行。在课堂上，教师手势动作幅度不宜过大，次数不宜过多，不宜重复。

2. 自然亲切。教师在课堂上，多用柔和曲线的手势，少用生硬的直线条手势，以求拉近师生间的心理距离。

3. 恰当适时。教师讲课应伴以恰当的、准确无误的手势，以加强表达效果，并激发学生的听课情绪。切忌不停地挥舞或胡乱地摆动，也不要将手插入衣兜或按住讲桌不动。手舞足蹈会令人感到轻浮不稳重，过于死板又会使学生感到压抑，总之应以适度为宜。

4. 简洁准确。手势是教师最明显、最丰富，也是使用最频繁的教具之一。在讲课讲话时，手势要适度舒展，既不要过分单调，也不要过分繁杂。一般说，向上、向前、向内的手势表示成功、肯定、赞赏；而向下、向后、向外的手势表示失败、悲伤、惋惜等。手势应该正确地表示感情，不能词不达意，显得毫无修养。

手势是体语中最丰富、最具有表现力的传播媒介，做得得体适度，会在交际中起到锦上添花的作用。

三、教师的手势禁忌

手势是最有表现力的一种"体态语言"。教师恰当地运用手势，能够起到良好的沟通作用，也会使自己的形象更美、更有风度。

1. 忌当众搔头皮、掏耳朵、抠鼻孔、剜眼屎、剔牙、抓痒痒、咬指甲等。这些动作会令学生极为反感，严重影响形象与风度。

2. 不要用手指指点他人，用手指指点他人的手势是非常不礼貌的，含有教训人的意味。

3. 讲课时忌讳敲击讲台、黑板，或做其他过分的动作。

4. 忌玩弄粉笔或衣扣等。

5. 忌高兴时拉袖子等不文雅的手势动作。

6. 忌交谈时指手画脚、手势动作过多过大。

教师手势的运用要规范和适度，给人一种优雅、含蓄和彬彬有礼的感觉。谈到自己的时候，不要用大拇指指自己的鼻尖，应用右手掌轻按自己的左胸，那样会显得端庄、大方、可信；谈及别人、介绍他人、指示方向、请对方做某事时，应掌心向上，手指自然并拢，以肘关节为轴指示目标，同时上身稍向前倾，以示敬重，切忌伸出食指来指点。掌心向上的手势有一种诚恳、恭敬的含义；而掌心向下则意味着不够坦率、缺乏诚意。招手、鼓掌等都属于手势的范围，应根据不同场合和目的恰当运用，不可过度。教师要掌握增强语言表现力的有意识手势，并使之优雅自然。

案例:

有一位女企业家去拜访一位很有成就的40岁左右的女校长，在办公室外等待的时候，想到女校长的名气和出色的业绩，不禁感到有些紧张。当她被请进办公室，见到这位女校长的时候，她心中的紧张感立刻就没了，并且平添了几分自信。她看到这位胖胖的女校长穿了一身超短的套裙，并且还穿了一双露着脚趾的凉鞋，她对女校长的印象立刻大打折扣。

自我评价

自我测试题	是"√"	否"×"
1. 教师的个人卫生反映着教师的精神面貌，将直接影响着他（她）在学生心目中的形象。	☐	☐
2. 干净是对手部的基本要求。	☐	☐
3. 教学活动是近距离的交往活动，师生互相看得真切，妆容不可重，一定要：恰如其分，自然大方。	☐	☐
4. 从眼角把目光投向学生，传递的是一种漠然、漠视和漫不经心，甚至是轻蔑的表情。	☐	☐
5. 教师用手指指点学生的手势是非常不礼貌的，含有教训的意味。	☐	☐
6. "社交注视"的标准注视时间为交谈时间的20%-30%。	☐	☐
7. 教师行走步伐要稳健、自信、刚劲、有力，体现出胸有成竹、沉稳自信的风度和气质。	☐	☐

续前表

自我测试题	是 "√"	否 "×"
8. 微笑是教师在教育教学中的重要体态语。	☐	☐
9. 教师讲课时，需要配以适度的手势来强化讲课效果。	☐	☐
10. 谈到自己的时候，应用右手掌轻按自己的左胸，会显得端庄、大方、可信。	☐	☐

第二章　教师的服饰

　　服饰，是指人的服装穿着与饰品佩戴，服装被视为人的"第二肌肤"，既可以遮风、挡雨、防暑、御寒，发挥多重实用性功能，又可以美化人体，扬长遮短，展示个性，反映精神风貌，体现生活情趣，发挥多种装饰性功能。现代饰品正确的佩戴对于表现教师的个性特点，增添个人魅力发挥着重要作用。服饰还具有反映社会分工，体现地位、身份差异的社会性功能。它是一种社会符号，也是一种审美符号和情感符号。好似一封无言的介绍信，时时刻刻向自己的每一个交往对象传递着各种信息。正如莎士比亚所说："服装往往可以表现人格。""一个人的着装就是其自身修养的最形象的说明。"

　　孔夫子说过，人"不可以不饰，不饰无貌，无貌不敬，不敬无礼，无礼不立"。他所谓的"饰"，指的就是服饰。作为教师只讲"穿衣戴帽，各凭所好"是远远不够的。在某种意义上，一个教师的服装并不只是表露他（她）的情感，而且还显示着他（她）的智慧。教师的衣着习惯，往往透露出人生的哲学和价值观。教师遵守服饰礼仪是人际交往取得成功的一个前提，更是教师职业道德、职业规范的一部分。教师的服饰不仅对自己起着重要的修饰作用，对学生也起着潜移默化的榜样和示范作用。教师的服饰是无言的课本，决不可掉以轻心，随随便便。教师的职业服装，应显出端庄、严谨并富有亲和力的特征。

第一节┃服饰着装的原则

一、"TPO" 原则

"TPO"即英语"Time"（时间）、"Place"（地点）、"Object"（目的、对象）的缩写，是指穿衣服要适应具体的时间、地点和目的。还有一种说法，TPO 的"O"是指"Occasion"（场合）。但是同一场合由于身份、目的不同，也可以穿不同的衣服，因此我们认为"目的"比"场合"更重要（而且地点就是场合）。

（一）时间，泛指早晚、季节、时代等。穿衣要考虑这些因素，注重时间变化。晨练与晚宴着装是不同的，西方还有早礼服、晚礼服之分。再如冬、夏季节不同，着装也应不同，既不能"为了俏，冻得跳"，也不可在夏天"捂得汗水湿透西服"，应顺应自然。着装还要有时代特点，显示出不同时代的不同风格。

注意：在涉外活动中要注意，欧美人习惯在周末和双休日一般不穿正装，如果学校在休息日有外事活动，应事先沟通确定是否要着正装、打领带，以避免误会。在国外考察时也要注意休息日、旅游时应当着便装。

（二）地点，指地方、场所、位置等。着装要因地制宜。在校园内、校园外、做家访、去郊游、在城市、在农村都要有所区别，因为不同国家、不同民族有不同的文化背景、地理环境、历史条件、风俗人情，我们在服装上也要尊重对方的思想情感。人置身于不同的环境、不同的场合时，就应该有不同的服饰穿戴，要注意所穿戴的服饰与周围环境的和谐。公务场合对于服装款式的基本要求是：庄重、保守、传统。符合这一要求，适用于公务场合的服装款式为：制服、套装、套裙、工作服等等。社交场合对于服装款式的基本要求是：典雅、时尚、个性。符合这一要求，适用于社交场合的服装款式为：时装、礼服、民族服装，以及个人缝制的个性化服装等等。休闲场合对于服装款式的基本要求是：舒适、方便、自然。符合这一要求，适用于休闲场合的服装款式为：家居装、牛仔裤、运动装、沙滩装等等。

（三）目的，是指出席活动的意图。衣服是给人看的，功能是遮挡与炫耀。你要遮挡什么，炫耀什么，要具体情况具体分析。例如：我们不应当在别人的婚礼上去争奇斗艳，也不能穿着近似丧服的着装去赴宴。服装的款式、颜色、质地在表现服装的目的性方面发挥着一定的作用。是自尊，还是敬人；是隆重，还是怠慢；是张扬、还是谨慎，都可以从着装上得到体现。

二、谐调性原则

古希腊人认为"和谐就是美"。服饰的美要达到和谐的视觉效果，人们就应恪守选择与穿戴的协调性原则。

（一）与社会角色相协调。在社会生活中，每个人都扮演着不同的角色。不同的社会角色必须有不同的社会行为规范，在服饰的穿戴方面自然也有规范。例如教师在家身为太太时可以自由穿戴；然而作为"上班族"的教师在工作场所，面对她的同事与学生时，就不能无所顾忌、随心所欲了。例如男教师穿着类似女士的花衣服，女教师身着男装同样会对学生造成心理上的不良影响，教师应按照教师的服饰规范来装扮自己。

（二）与穿戴者的自身条件相协调。人们追求服饰美，必须充分了解自身的特点，只有这样，才能达到扬长避短的目的。比如，人的身材有高有矮、体形有胖有瘦、肤色有深有浅，穿着应考虑到这些差异，扬长避短。

体形较丰满的人应选择小花纹、直条纹的衣料，最好是冷色调，以达到显"瘦"的效果。在款式上，胖人要力求简洁，中腰略收，后背扎一中缝为好，不宜采用关门领，以"V"型领为最佳；体形较瘦的人应选择色彩鲜明、大花案以及方格、横格的衣料，给人以宽阔、健壮的视觉效果。

（三）与穿戴者的年龄相谐调。在穿着上要注意与年龄相谐调，不管青年人还是老年人，都有权利打扮自己，但是作为教师，在打扮自己时要注意，不同年龄的人有不同的穿着要求。年轻人应穿得鲜艳、活泼、随意一些，这样可以充分体现出青年人的朝气和蓬勃向上的青春之美。而中老年人的着装则要注意庄重、雅致、整洁，体现出成熟和稳重，透出那种年轻人所缺乏的成熟美。因此，无论是青年、中年，还是老年，只要穿着与年龄相谐调，都会显出独特的美来。

三、整体性原则

正确的着装，应当注意服饰的文化内涵，服饰的内在逻辑，风俗习惯，东西方文化与审美的差别，注意着装服饰的系统性，整体考虑，精心搭配。着装时要使各个部分不仅要"自成一体"，还要相互呼应、配合，在整体上尽可能地显得完美、和谐，恪守服装本身约定俗成的搭配。例如，穿西装时，应配皮鞋，不能穿布鞋、旅游鞋、凉鞋、拖鞋、运动鞋。

四、整洁性原则

不管在什么情况下，你着装都应整洁，避免肮脏或邋遢。不允许又褶又皱，不熨不烫。着装应当完好。不允许又残又破，乱打补丁。着装应当干净。不允许又脏又臭，令人生厌。着装应当卫生。不允许其存在明显的污渍、油迹、汗味与体臭。

三应原则。三应，指的是应事、应己、应制。应，含有适应之意。应事，是要求塑造个人形象要适应具体所处的场合；应己，是要求塑造个人形象要适应个人特点；应制，则是要求塑造个人形象要适应约定俗成的各种规范。三者相辅相成，同等重要，缺一不可。

第二节 | 女教师的着装

女性的服装比男性更具个性特色，但是要注意自己教师的身份，自己的榜样作用，导向作用，在校园不要穿着得过分性感，过分艳丽，过分奢华。服饰价格不求很高，但是要协调，合理搭配，无论是颜色系列还是饰物、手包等要注意细节，体现高雅、大方、端庄的风度。

一、女教师衣着的分类

女教师的服装分为职业服装与社交服装。

女教师职业服饰，它具有实用性、审美性和象征性等职业服饰的基本特征。能体现出教师的责任和义务，使教师产生庄重、自尊的心理。应当保持职业服饰的整洁、利落，表现出不卑不亢、热情大方的风度。

女教师的社交服装分为礼服和便服。

在我国，正式的社交场合，女士的礼服是旗袍。旗袍款式流畅巧妙，最能体现东方女性的朴素典雅、柔美婀娜。穿旗袍时，鞋子、饰物要配套，应当佩戴金、银、珍珠、玛瑙等精致的项链、耳坠、胸花等。宜穿与旗袍颜色相同或相近的高跟或半高跟皮鞋。

女性的职业装有三种基本类型：西服套裙、连衣裙和两件套裙。

二、女士着西装时要注意的几个方面

（一）女西装配西装裙的职业套装更能显露女性的高雅气质和独特魅力。西装上衣应做得长短适中，以充分展现女性腰部、臀部的曲线美，如果配裤子，则可将上装做得稍长些。无论配裙子或裤子，一般采用同一面料做套装，使得整体感强。西装的"V"字型领口要高低适中，胸围和腰身都不要有紧绷感。前襟不翘，后身不撅，前后身处在一个水平线上。

（二）女子西装款式多样，要根据自己的年龄、体型、皮肤、气质、职业等来选择；要讲究皮鞋、袜子、皮包、饰物、发型、化妆与西服的配套协调。

（三）挑选西装时，选择基本色最好，不需要流行的颜色，黑、褐、灰或者条纹、碎点的图案比较好。面料质地要好。

三、裙装

裙装最能体现女性的体态美。在一般的社交场合，女性可以穿连衣裙或穿中式上衣配长裙。

夏季可穿长、短袖衫配长裙或者过膝裙。在宴请等正式社交场合，一般要穿长裙，至少要长过膝盖，不应穿长裤、牛仔裤和超短裙。

四、鞋袜

鞋子和袜子在西方被称作"脚部时装"和"腿部时装"，颇为重要。在正式或非正式社交场合，女性一般穿黑色半高跟皮鞋，不要穿鞋跟太高太细的高跟鞋，以免走路时步伐不稳，影响形象。穿西装不能穿旅游鞋、布鞋及凉鞋。否则，被视为不懂礼仪，缺乏教养。

女士穿裙子应当配长筒丝袜或连裤袜，颜色以肉色、黑色最为常用，修长的腿可以穿透明丝袜，腿太细可穿浅色丝袜，腿较粗可穿深色的袜子。

挑丝、有洞或自己用线补过的袜子，都不能穿着外出，可以在办公室或工作场所预备一两双袜子，以备袜子被钩破时急用。在正式场合着裙装，不穿袜子是不礼貌的。

在西方，西服裙装搭配袜子要穿连裤长筒袜或长筒袜，没长筒袜时，可以光脚，但不应穿短筒袜。

特别提示：袜口不能露在裙摆或裤脚外边；不能在公众场合整理自己的袜子。

五、帽子

帽子是衣着不可缺失的部分，它可以烘托戴帽者的身份、地位以及人格修养。

女士戴帽很有讲究，参加宴会、婚礼、游园等社交活动时，帽子能增加主人的风采。帽子应根据出席活动的场合要求，根据自己的脸型和身高来选择。女子的纱手套、纱面罩、帽子、披肩、短外套等作为礼服的一部分，允许在室内穿戴。

六、女士着装的"六不"原则

1. 衣服不允许过大或过小。在学生面前不要穿低腰裤和露肚脐，上衣最短齐腰，西服裙子最短到小腿中部；要合体典雅，体现服饰美。

2. 不允许衣扣不到位。不能不系上衣口，敞胸露怀。

3. 不允许不穿衬裙。衬裙颜色应与套装裙颜色一致协调，不许内裤为人所见。

4. 不允许内衣外现。穿吊带衫时，文胸的吊带不论是什么颜色、质地，都不要露出来，更不要出现好几条带子露出来。穿西装时衬衫不应透明，内衣不能从领口露出，不能不穿衬衫，直接把连胸式衬裙或文胸当衬衫穿在里面，这样非常有失身份。

5. 不允许随意搭配。套装不能与休闲装混穿，不能与牛仔服、健美裤、裙裤"合作"，黑皮裙、黑皮靴也不能当正装来穿。

6. 不允许乱配鞋袜。套装应穿黑高跟、半高跟皮鞋，肉色丝袜，不要穿花网袜，不能露袜口，也不能穿一长一短两层袜子。

七、日常服装"五忌"

1. 忌露。教师工作与外出时，着装不能露出乳沟、肚脐、脊背、胸毛、腋毛、腿毛等。女士若穿露肩臂的正式夜礼服，则应去掉腋毛。

2. 忌透。衣服再薄，天气再热也不能使内衣、背心、文胸、内裤等若隐若现，甚至一目了然。也不能让内衣外穿之风刮进校园。

3. 忌紧。制服过于紧身，让内衣、内裤的轮廓原形毕露是既不文雅，也不庄重的。

4. 忌异。教师不是时装模特，不能过分新奇古怪，招摇过市。

5. 忌乱。不可穿着不讲究：卷袖子、敞扣子，颜色过乱、饰物乱配，衣服脏、破、皱，不烫不熨，油垢、牙膏遗迹"昭然若揭"。

八、服装的配色艺术

（一）三色原则
1. 西服、衬衫、领带、皮鞋、手帕、袜子等不超过三个色系。
2. 小三色：手表带、腰带、皮鞋颜色要力争一致，至少是一个色系的。
（二）服饰的色彩哲学
服饰色彩及其搭配涉及到色彩学和美学，同时还渗透着人的价值观念、爱好、性格特征、礼仪素养。人们常说，着装的成功在于搭配，着装的失败也在于搭配。色彩因其物理特质，常对人的生理感觉形成刺激，诱发人们的心理定势和联想等心理活动。色彩还具有某种社会象征性，许多色彩象征着某种性格、情感、追求。例如：

黑色，象征神秘、悲哀、静寂、死亡，或者刚强、坚定、冷峻。

白色，象征纯洁、明亮、朴素、神圣、高雅、怡淡、空虚、无望等。

黄色，象征炽热、光明、庄严、明丽、希望、高贵、权威等。

大红，象征活力、热烈、激情、奔放、喜庆、福禄、爱情、革命等。

粉红，象征柔和、温馨、温情等。

紫色，象征高贵、华贵、庄重、优越等。

橙色，象征快乐、热情、活动等。

褐色，象征谦和、平静、沉稳、亲切等。

绿色，象征生命、新鲜、青春、新生、自然、朝气等。

浅蓝，象征纯洁、清爽、文静、梦幻等。

深蓝，象征自信、沉静、平稳、深邃等。

灰色是中间色，可象征中立、和气、文雅等。

服饰配色包括同类配色和衬托配色。同类配色指相同的颜色进行组合搭配，一般是下浅上深、内浅外深，或者相反。

我们应该遵守审美规则，这样在选择、搭配、使用之中，才不至于弄出洋相，被人笑话。

第三节 | 男教师的着装

男教师的着装分为社交服装与职业服装。职业服装即工作服装，应适合职业的性质、工作环境，要实用又便于活动，能给人整齐划一、美观整洁之感，能振奋人心，增强职业自豪感。男教师的社交服装分为正装和便装。

正装主要是西装和中山装，便装则是多种多样。

一、西装的穿着

在交际场所穿着西装的人越来越多，它的穿着十分讲究。

（一）西装穿着的基本要求

西装的袖长以达到手腕为宜，衬衫的袖长应比上衣袖口长出1.5 cm左右，衬衫的领口亦应高出上衣领口1.5 cm左右，这样有一种匀称感。

在隆重场合穿西装要系扣，一个扣的要扣上；两个扣的只需扣上面的1个，平时可以都不扣；三个扣的，扣中间一个；双排扣西服，通常情况下，纽扣全部扣上。

西装衣袋的整理十分重要，上衣两侧的两上衣袋不可装物，只作为装饰用，上衣胸部的衣袋可以装折叠好花式的手帕，有些小的物品可装在西装上衣内侧的衣袋里。裤袋亦和衣袋一样，一般不可装物，裤子后兜可装手帕、零用钱。手帕应平整，叠得方方正正，一般使用白色或不太鲜艳的手帕，并准备两块。

西裤长度以裤脚接触脚背为妥。穿西裤时，裤扣要扣好，拉锁全部拉严。西装坎肩要做得贴身，与西装配套的大衣不宜过长，一般以在胭窝下延3 cm为宜。

西装翻领的"V"字区最显眼，领带处在这个部位的中心，被称为西装的灵魂。应穿着深色没有花纹的皮鞋，正式场合应穿系带的黑皮鞋，并经常上油打光。应穿着深色袜子，以显庄重。服饰的根本要求是整洁，要体现出着装人的精神面貌，应该使自己的服饰做到：有洁白的衬衫，典雅大方的领带，裤线笔直的西裤，打油上光的皮鞋。

（二）男子穿西装要注意的几个方面

西装配套是有讲究的。正式场所要着深色套装，以示庄重、自尊；非正式场所要力求和谐，以展示风度，讲究领带的选择与佩戴，以显示人的个性与人格。注重衬衫的选配，正式场合衬衫颜色力求素净文雅，整洁无折皱的衬衫可显示人的内在美；西装款式的选择要与人的脸型、体型、年龄和性格相适应，以显示个人的身份。西装整体的协调更重要，要使身份、场所、年龄、季节、性格相互协调；要使西装、衬衫、领带、皮鞋、袜子和穿着方式相互协调。

穿西装时内部通常不提倡穿毛衣，更不能穿多件毛衣。如果要穿毛衣，只可穿一件，若穿在衬衫外时，领带应放在毛衣内部，不穿开身衫及带图案的毛衣，应穿素色毛衣。羊绒衫可穿在衬衫内，但衬衫内不应露出任何衣服的领子。新西服袖口的商标一定要去掉。

（三）领带

领带是与西装配套的饰物，在正式场所系上领带，既礼貌又庄重，且领带是西装"V"字型开领处的灵魂。在佩戴领带时要注意以下几方面：

1. 穿西装时，打领带时衬衫应系好领扣，不打领带时，领扣应打开；要采取合适的领带结法，以配合衬衫领型，产生舒适、协调的效果。

2. 领带的选择。要注意西装、衬衣的条纹与领带质地、颜色的协调搭配。

领带的质料大多为丝绸，常用图案有水珠、月牙形、方格形等。正式场合必须系领带，领带颜色要讲究。宴会等喜庆场合领带可鲜艳明快；参加吊唁活动要系黑色或素色领带；参加商业界活动宜佩戴醒目且花纹突出的领带；职业领带往往是素色或深色，多无花纹。

3. 系领带要注意衬衫领围大小，西服内衣有西服坎肩、鸡心领毛背心的，领带要放在这些衣服内，且领带下角不可从这些衣服下端露出。

领带要按规定系好，下端应与腰带齐。

4. 领带夹要把领带与衬衫一齐夹紧，且领带夹夹的位置要适中，一般在衬衣第三、第四粒纽扣之间。

二、中山装的穿着

中山装要求穿上下同色同质料子的服装，配黑色皮鞋。中山装既可以在出席正式场合时穿，也可以平时穿。穿着时要扣好领扣、领钩、裤扣，穿长袖衬衫要把前后摆放入裤内，袖口不可卷起，衣袋内同样不要放很多东西。

三、便装

便装指平常穿的服装，使用范围广泛，根据不同的用途和环境，便装又分很多种。便装比正装随便得多，例如，上街购物、看影剧、会见朋友等都可以穿着。它很大程度上受流行趋势影响，是时装的重要组成部分。每个人可根据自己的爱好及自身的客观条件去选择各种式样，但穿着时一定要注意到它是否符合将要去的环境与气氛。

旅游服、运动服重要的是舒适、实用、便于行动。

家庭装应随便、舒适、轻松活泼。早晚穿着的有晨衣、睡衣等，但不能穿这类服装会客。

注意：男士不可穿短裤参加正式活动，且长裤的裤脚不可卷起。在室内，一般不可戴墨镜与他人交谈；若有眼疾需要戴墨镜时，应向对方表示歉意。从室外到室内参加活动，应摘下帽子、脱去大衣、风雨衣和套鞋，并存放在衣帽间。男子在室内不可戴帽子和手套。

第四节 | 饰物的礼仪

教师为了展示人体的美，可以在校园等工作场合佩戴饰物，如帽子、手套、围巾、手提包、胸花、戒指、头饰等。可以在交际场合佩戴墨镜、耳环、项链、手镯等。饰物的佩戴必须符合一定的礼仪规范和佩戴原则，以达到丰富魅力、展示高雅、合理渲染的效果。

佩戴饰物时，要求与个性和着装协调。这样饰物与着装巧妙搭配，形成和谐的整体，以衬托仪表，体现个性，展示出教师的内在气质和高雅品味。佩戴饰物也要求饰物的质地适宜，这样才可以产生整体和谐的美。

一、佩戴饰物的原则

佩戴饰物最应遵守礼仪规范，它可以向对方传递某种信息。使用首饰时，通常应当无一例外地恪守如下八条原则：

1. 数量原则。戴首饰时，数量上的原则是以少为佳，点到为止。教师在交际时，特别是在正式场合，全身饰物最好不超过三件，真正使其起到"点缀"的作用。

2. 色彩原则。戴首饰时色彩上的原则是力求同色。

3. 质地原则。戴首饰时质地上的原则是争取同质。

4. 身份原则。戴首饰时要令其符合身份，显优藏拙。

5. 体形原则。戴首饰时要使首饰与自己的体形相配，突出个性，不盲目模仿，扬长避短。

6. 季节原则。戴首饰时所戴首饰应与季节相吻合。

7. 搭配原则。戴首饰时，搭配上要尽力使服饰协调。

8. 习俗原则。戴首饰时要懂得寓意，避免尴尬。遵守民间地域文化习俗。

二、饰物佩戴方法

饰物佩戴方法同样十分重要。

1. 戒指的戴法最为讲究，戴在不同手指上，将给对方不同的信息。例如：按照惯例戒指戴在食指表示目前独身且觅偶，戴在中指表示正在热恋中，戴在无名指上表示已婚，戴在小指上表示持独身态度。戒指不要乱戴，也不要别有用心地暗示对方。如果已婚女士不愿暴露婚姻状况时，可以不戴戒指；一些女士明明已婚，却将戒指戴在食指上（表示未婚），这是不对的。戒指一般戴在左手上，如戴在两只手上要左右手对称。不是新娘不要把戒指戴在手套外面。

2. 教师不提倡戴手镯，戴手镯在讲课或板书时会分散学生的注意力。如着便装休闲时戴手镯，形状不宜过于招摇，档次不宜过低。着西装时不戴木、石、皮、骨、绳、塑料等艺术性手镯。手镯可戴一只，通常戴右手上；也可戴两只，但一只手上只准戴一样饰物，手镯、手链、手表任选一样。手链通常只宜戴一条。不要戴在袖口之上，或有意露出。

手镯和手链的戴法也有不同暗示，戴在右臂，表示"我是自由的"；戴在左右两臂或仅是左腕，说明已婚。尽管很多人并没有意识到上述戴法的特殊意义，如若无意中戴错了，那么，有可能会在交往中出现误会。

3. 穿西装套裙时，不要戴两只或两只以上的耳环，也不要只在一只耳朵上戴耳环。

4. 戴项链时应避免因文化差异产生的误解。外事活动时，不戴有猪、蛇生肖的挂件，有耶稣殉难像的十字架，有"卐"字形的挂件。女士的项链、挂饰可视情况露出或隐藏起来。

5. 帽子是现代女性主要的饰物，要根据自己的职业、体型、肤色和着装协调一致，以起到帮助自己扬长避短的效果。

6. 墨镜要考虑整体效果。参加室内活动与人交谈，不要戴墨镜；若有眼疾需要戴时，要向对方表达歉意；在室外，参加隆重的礼仪活动，也不应戴墨镜。

7. 胸花是女性胸、肩、腰、头等部位佩戴的各种花饰，一般佩戴在左胸部位，也可依据服装设计要求和整体效果将其佩戴在肩部、腰部、前胸或发髻等处。佩戴的胸花要高雅。戴胸花、胸针的具体高度，应在从上往下数的第一、第二粒纽扣之间。

8. 手提包是女性日常出席正式场合活动的重要饰物，要求小巧、新颖、别致、协调，给人以赏心悦目的感觉，手提包的颜色要与季节、服装、场合、气氛相协调。在严肃的社交场合，可使用颜色较暗、形状较方正的提包；参加舞会或宴会，可使用颜色鲜艳的羊皮小包或缎面小包。夏季提包应该小巧淡雅，冬季提包可以艳丽明快，以展示教育工作者的独特魅力。

9. 穿短袖或无袖上衣参加舞会，不要戴短手套。

10. 手表，又叫腕表，即佩戴在手腕上的用以计时的工具。在社交场合，佩戴手表，通常意味着时间观念强、作风严谨。

三、男士饰物的特殊要求

男性比女性拥有的饰物显得少而精，但它们的实用性更强，因而佩戴更要符合礼仪规范。

1. 皮带。皮带质地有皮革的（包括羊皮、牛皮、鹿皮），有塑料的，金属的及人造革的。皮带色彩与裤子色彩搭配时，可采用同一色、类似色和对比色。一般说来，黑色皮带可以配任何服装。选择一条质量上乘、款式大方、新颖别致的皮带，可以增加男人的风度和气质。

2. 皮夹与名片夹。皮夹是男士重要的随身物品，它有皮的和人造革两种。有身份的男士最好购买皮的，颜色可选含有华贵之感的暗咖啡色和黑色。皮夹中不宜塞满东西。

名片夹用于装自己的名片和他人给予的名片，以皮制的最好，金属的次之。

3. 手表与笔。手表、金笔和打火机在西方被称作男士三大配饰，被认为是身份的象征。

男士在公务活动或社交活动中应该携带一枝钢笔和一枝铅笔。在较为正式的场合最好带一枝金笔，笔可以放在公文包内或西装上衣内侧的口袋内，不要插在西装上衣左胸外侧的装饰性口袋中。

4. 公文包。公文包质地以深褐色或棕色皮革制为最佳，不要选用发光发亮、印满广告或图案的皮包。皮包中，应准备好钢笔、记事本或散页的记事本、电话本、计算器，等等。

5. 眼镜。选择眼镜时，要充分考虑自己的身材、脸形和肤色。

6. 男士的装饰最普遍使用的是配西装的领带夹、衬衫袖扣和西服领上的徽章。恰到好处的装饰，会使庄重的西装生动起来。

第五节｜特殊场合的服饰

特殊场合对服饰的特殊要求：

1. 出席正式场合，例如：接见外宾，外出访问，出席典礼、庆典，在名剧院看剧，听音乐会，一般穿正装。男教师可穿深色西服、中山装，女教师着西装或长裙。

2. 参加葬礼和吊唁活动，男教师一般可着黑色或深色西服、中山装，女教师着深色服装，内穿白色或暗色衬衣，不用花手帕、不抹口红、不戴装饰品。

3. 参加婚礼，到朋友家做客，参加联欢会等，则尽可能穿得美观大方一些，女教师应适当妆饰打扮。

4. 郊游、远足，可穿上下装颜色不同的便装。一定不要着正装，西装革履的。

5. 乘汽车、火车、轮船、飞机旅行，可穿便装。但如在登机、上车以前，或下机、下车以后，有迎送仪式，则应考虑更换服装。迎送仪式应着正装。

自我评价

自我测试题	是"√"	否"×"
1. "穿衣戴帽，各凭所好"，教师可以穿戴任何自己喜欢的服饰。	☐	☐

续前表

自我测试题	是"√"	否"×"
2. "TPO" 原则即英语 "Time" （时间）、"Place" （地点）、"Object" （目的、对象）。	☐	☐
3. 欧美人习惯在周末穿正装。	☐	☐
4. 教师选择穿戴应当与社会角色相协调。	☐	☐
5. 穿戴三应原则。三应，指的是应事、应己、应制。	☐	☐
6. 西服裙装搭配袜子要穿连裤长筒袜或长筒袜，没长筒袜时，可以光脚，但不应穿短筒袜。	☐	☐
7. 西服、衬衫、领带、皮鞋、手帕、袜子等可以超过三个色系。	☐	☐
8. 在隆重场合穿西装要系扣，三个扣的，只扣中间一个。	☐	☐
9. 羊绒衫可穿在衬衫内，但衬衫内不应露出任何衣服的领子。	☐	☐
10. 穿西装打领带时，衬衫应系好领扣，不打领带时，领扣应打开。	☐	☐
11. 领带要按规定系好，下端应与腰带齐。	☐	☐
12. 按照惯例，戒指戴在中指表示目前独身且觅偶。	☐	☐
13. 手镯戴在右臂，表示"我是自由的"；戴在左右两臂或仅是左腕，说明已婚。	☐	☐
14. 参加各种活动，进入室内场所均应摘帽，脱掉大衣。	☐	☐

续前表

自我测试题	是 "√"	否 "×"
15. 参加葬礼和吊唁活动，不用花手帕、不抹口红、不戴装饰品。	☐	☐
16. 教师不提倡戴手镯，戴手镯在讲课或板书时会分散学生的注意力。	☐	☐
17. 戴首饰时要懂得寓意，避免尴尬。	☐	☐
18. 正式场合应穿黑皮鞋，以系带鞋为正宗，袜色与西服一致或深于西服。	☐	☐
19. 正式的社交场合，女士的礼服是西服。	☐	☐
20. 穿西装时，应配皮鞋，不能穿布鞋、旅游鞋、凉鞋。	☐	☐

第三章 教师的语言

第一节 | 课堂语言礼仪

英国哲学家弗兰西斯·培根谈到教师时说："教师是知识种子的传播者，文明之树的培育者，人类灵魂的设计者。"教师肩负着教育学生、培育学生，使学生成为接替老一辈事业、延续社会发展的新一代。因此，教师无论是在教学、教育活动中，还是在交际场合，均须讲究礼仪，做文明交往的使者。礼仪是一种文化，它构成了人的形象的重要侧面，是其外在形象、内在气质的表现。教师的一言一行、一动一静、一笑一颦，都在鲜明地展示自己的仪表和形象。

一、教师的礼貌用语

礼貌语言在一定程度上标志着一个社会的文明程度，一个人的语言反映一个人的精神世界。"礼貌是人类共处的金钥匙"。您对别人有礼貌，别人才会对您有礼貌，故与他人交谈时，要清除语言中的杂质，注意避讳的言词，要多用礼貌的语言，如"请问"、"对不起"、"谢谢"、"再见"，无论您是被邀请讲课、讲演，无论是开始还是结束，都应该使用。教师，是学生的榜样和楷模，教师的言行举止，将对学生起到示范和表率作用。因此，一名光荣的、受人尊敬的教师，更要讲究文明礼貌。

1. 教师常用礼貌用语

"请"、"您"、"谢谢"、"对不起"、"没关系"、"再见"。特别是对学生的问好道别，教师要认真回礼，请学生做事要用"请"，做完要对学生说"谢谢"。

2. 教师文明用语

对待学生：

（1）同学们好；

（2）希望你继续努力；

（3）不懂请来问老师；

（4）让老师来帮助你。

对待家长：

（1）教育学生是我们老师的责任；

（2）谢谢家长的支持与配合；

（3）让我们来商量一下，怎样教育好孩子。

对待同事：

（1）我有一个问题向您求教；

（2）我有个建议，您看行吗；

（3）谢谢您的关心和支持。

3. 教师使用礼貌用语的原则

声音优美、表达恰当、言简意赅、表情自然、举止文雅。

二、教师对学生的称呼

我国是礼仪之邦，人际交往讲究礼貌友好，崇尚平等待人。师生关系是人际关系的一部分，同样应遵守这些原则。而称呼是师生交往的起点，表示师生之间的关系，反映教师的思想、道德和修养，影响教师形象的树立。在教育教学活动中，礼貌得体的称呼语可以激发和控制学生的情绪，沟通师生的感情，融洽师生关系，进而增强教育教学效果。

1. 要真诚地叫响学生的名字。喊名也是一门学问，合适的称呼，可以密切师生的感情，有利于教学的顺利进行。用清晰的声音呼唤学生的名字，意味着对学生持一种尊重的态度。

2. 不要叫学生的昵称或绰号。昵称虽然有助于人际关系的深化，但在课堂这一特殊场合会产生反向作用。太过亲昵，会造成其优越感，削弱其守纪自觉性，有厚此薄彼之嫌。在公共场合，绝对不能叫学生的绰号，绰号很容易伤害学生的自尊心，也会影响教师形象，降低教师威信。

3. 忘记学生姓名时的补救方法。在师生交往中忘记或叫错学生的名字是常有的事，但这很容易引起学生的不高兴，影响师生交往的正常进行。为了避免尴尬的场面，当记不准学生姓名时，宁可回避也不要叫错，可以采用位置称谓法，如：请靠窗的这位男同学回答问题好吗？

礼仪格言

记住人家的名字，而且很轻易地叫出来，等于给别人一个巧妙而有效的赞美。

——戴尔·卡耐基

三、教师语言礼仪

1. 教师语言表达礼仪

教师承担的教学任务离不开语言表达。因此，作为一名教师，要注意表达语言时的礼仪规范。

（1）表达准确。学校设置的每一门课程都是一门科学，有其严谨性、科学性。教师在教授时应严格遵循学科的要求，不可庸俗化。

（2）音量适当。讲课不是喊口号，声音不宜过大。如果声音太低又很难听清，会影响教学效果。

（3）语言干净利索。讲课要抓中心，不说废话和多余的话，给学生干净利索的感觉。

（4）上课可以适时插入一些风趣、幽默的语言，以活跃课堂气氛，提高学生的学习兴趣。

2. 教师课堂语言礼仪

教师应自觉培养文明修养，注重自己的礼貌谈吐，讲究语言的艺术性，遵守语言的规范性，掌握语言的使用方法，从而做到语言美，充分发挥语言的作用。

（1）语言柔和动听

语言的生动效果常常是依赖语言的变化而实现的。语音变化主要是声调、语调、语速和音量。如果这些要素的变化控制得好，会使语言增光添彩，产生迷人的魅力。一般情况下，对音量的控制要根据地点、场合以及人数的多少而定。在不同的场合应当使用不同的语速。因为在讲课或谈话时，速度可以表达一定情感，速度适中可以给人留下稳健的印象。

（2）语调恰当、富有节奏

根据思想感情表达的需要，必须恰当地把握自己的语调，同时要做到语言清楚明白。说话时要综合把握，形成波澜起伏、抑扬顿挫的和谐美，以收到最佳的交际效果。如果语言没有起伏变化，始终就是一个频率、一个声调，往往使人觉得就像在喝一杯淡而无味的白开水，很快就觉得没意思。为此，讲课时语调应有起有伏，时急时缓，抑扬顿挫，让学生感到生动活泼，避免过于呆板的音调。

（3）发音纯正、语句流畅

讲课时应避免口吃、咬舌或吐字不清的毛病。口齿不清者可以把讲课的速度尽量放慢，操之过急往往会使口齿不清的毛病更突出。另外，无论将音量控制在什么程度，都必须强调语言要清晰有力，发音纯正饱满。

（4）语言清晰、明白，应注意的事项

要使语言清晰、明白，要注意：不要随便省略主语；切忌词不达意；注意文言词和方言词的使用和语言的顺序，同时还要注意语句的衔接，使语言相连贯通，严丝合缝。

肢体语言代表的意义

眯眼——不同意，厌恶，发怒或不欣赏

走动——发脾气或受挫

扭绞双手——紧张，不安或害怕

向前倾——注意或感兴趣

懒散地坐在椅中——无聊或轻松一下

抬头挺胸——自信，果断

坐在椅子边上——不安，厌烦，或提高警觉

坐不安稳——不安，厌烦，紧张或者是提高警觉

正视对方——友善，诚恳，外向，有安全感，自信，笃定等

避免目光接触——冷漠，逃避，不关心，没有安全感，消极，恐惧或紧张等

点头——同意或者表示明白了，听懂了

摇头——不同意，震惊或不相信

晃动拳头——愤怒或富攻击性

鼓掌——赞成或高兴

手指交叉——好运

轻拍肩背——鼓励，恭喜或安慰

搔头——迷惑或不相信

笑——同意或满意

咬嘴唇——紧张，害怕或焦虑

抖脚——紧张

双手放在背后——愤怒，不欣赏，不同意防御或攻击

环抱双臂——愤怒，不欣赏，不同意防御或攻击

眉毛上扬——不相信或惊讶

案例：

德国大文豪歌德经过魏玛公园的一条小径时，恰好遇到一个曾经恶意攻击过他的政敌。那人意欲羞辱歌德，就故意趾高气扬地挺胸一站："我从不给混蛋让路。"歌德立即回答："我让。"说完很绅士地站到一侧，脱帽致意请他先行。

四、教师课堂语言禁忌

1. 忌"一言堂"

对话是交流的基础，有对话才有交流，有交流才能产生情感。课堂是师生双边活动的场所，不是教师独领风骚的舞台。因此，教师在课堂上要根据授课内容启发学生理出学习思路，独立思考；摸索学习方法，自主学习；排除思想顾虑与同学讨论交流。教师在认真倾听学生的发言后，要及时评价，触动学生学习的动机，使他们能围绕学习内容，有滔滔不绝的话题，并得到个性化的理解。因为，教师激情的评价、点拨，不仅有利于师生之间的语言交流，也有利于师生之间心与心的碰撞和感情距离的缩小。

2. 忌狭隘偏激

宽容是春天的一缕轻风，是冬夜里跳动的火苗。学生是活生生的个体，每个学生由于他们受教育的环境和认知水平不一致，因此，他们对问题的理解和对事物的看法也是有差异的。面对这些"差异"，教师若是疾言厉色地对待，缺少"春天的轻风、冬夜里的火苗"，学生就会对老师敬而远之，就会对学习中的问题不再发表自己的见解。所以，教师不能用统一的标准去划定学生的答案，应鼓励学生对问题有个性化的理解，教师更不应该对学生的答案持否定态度。明智的做法是：面对学生认识的不一致、观念的分歧、思想的碰撞，教师要给予充足的时间，让他们分别表明自己的立场、阐述自己的理由。当学生正在发言时，教师千万不能急切地打断他们，或是把自己的观点强加于学生，或代替学生过早地下结论。因为那样就会给学生留下狭隘偏激的印象，使课堂交流无法进行下去。教师只有宽容大度，才能使学生长智能，自己得人心。

3. 忌自我炫耀

教师先于学生步入社会，肯定有很多值得自豪的地方。如果教师适当地拿自己现身说法，启发学生努力学习是完全可以理解的，但经常用自己的亮点来反衬学生，就会给学生留下自我炫耀的印象，让学生特别反感。每个学生都有独立的人格。他们既有强烈的表现欲望，又有被发现、被承认、被赞赏的内在心理需求。教师在课堂上如果只顾自己进入自我陶醉状态，轻视学生的反应，效果绝对不好。明智的做法是：教师运用激情、激趣的手段调动学生的情感，让他们积极投入到学习状态中去，并引导他们在学习活动中自由展示、自由发挥。教师对学生的学习活动给以诚恳地认同和赞扬，并且要赞扬学生学习的各个环节中最细小的进步，而且是每一次进步。这样学生就有一种特别被关注的感觉，他们会越来越有信心参加学习活动。如果教师只顾滔滔不绝地展示自己的理解或感受，学生就会由课堂主演变成观众甚至是场外观众。所以教师要想在课堂上最大限度地调动学生的学习积极性，营造出师、生、文本三情共振的激情氛围，赞扬学生是其中重要的手段之一，也是教师尊重学生的体现。

4. 忌挖苦谩骂

教师教态要认真。使用标准的普通话，谈吐需文雅，口气应亲切，不讽刺、挖苦、谩骂学生，坚决不允许有体罚或变相体罚学生的现象出现。

5. 忌孤傲清高

与学生交谈时，应大方、爽朗，不要孤傲清高，使学生不愿接近您；不如他人时，应心悦诚服，不要出言不逊，那将有损您的风度；介绍自己时，应谦虚、求实，不要自吹自擂，以免别人对您产生反感。

作为一名教师，在课堂上应温文尔雅、持重沉稳。萨迪说："讲话气势汹汹，未必就是言之有理。"

案例：

一天，达尔文先生应邀参加一个晚宴。刚落座，邻座的一位美貌女子想挖苦他一下，故意问道："您说人是从猿猴变来的，那么您也是?"这时,同桌的人都有兴趣地看着他们。达尔文笑着说:"对呀,人是猿猴变的。只不过,我是一只普通的猴子变的,而您呢,是一只迷人的猴子变的!"

自我评价

自我测试题	是"√"	否"×"
1. 教师使用礼貌用语的原则:声音优美、表达恰当、言简意赅、表情自然、举止文雅。	☐	☐
2. 当学生正在发言时,教师不能急切地打断他们,或是把自己的观点强加于学生,或代替学生过早地下结论。	☐	☐
3. 在课下,为表现出良好的关系,教师可以叫学生的绰号。	☐	☐
4. 教师在课堂上应温文尔雅、持重沉稳。	☐	☐
5. 教师上课时,可以适时插入一些风趣、幽默的语言,以活跃课堂气氛,提高学生的学习兴趣。	☐	☐
6. 礼貌是人类共处的金钥匙。	☐	☐

第二节丨谈话礼仪

谈话不仅是生活的重要组成部分,而且是一种艺术。"酒逢知己千杯少,话不投机半句多",言谈的优劣直接决定了言谈的效果。礼貌像只气垫,里面可能什么也没有,但是却能奇妙地减少颠簸。谈话要注意谈话的语音、语调、语汇(用词、用语)、语脉(逻辑、顺序）、语境（语言环境），人们用语言进行交谈，还要借助人的情态、手势、躯体姿势等以图更好的交谈效果。

一、谈话的态度

1. 真诚坦荡

谈话是为了交流信息，大家都想得到真实的信息，彼此真诚坦荡使交谈进行得很愉快，"诚于中而行于外"，真诚，就是要做到不言过其实、油腔滑调，更不能用恶语中伤他人。诚恳的态度外化为谦恭、和善的语气，如使用商量的语气和词句；调低音量；语速适当、均匀，给交谈的对方以亲切感。在交谈中，双方袒露心扉，会增进情感交流，赢得别人对你的好感和支持。虚伪做作、华而不实或轻慢无礼、语气生硬，对方就不乐意同你交流。虚假信息既欺骗别人，又贬低自己的人格，甚至造成伤害，断送交往。

2. 区别对待

人与人之间由于其经历、所受教育、家庭、兴趣、性格等不同，由此会带来其谈话的领域、内容、"兴奋点"的差异，这是社会的现实。因此，在同不同性格、不同行业、不同熟悉程度的人交谈时，就要察言观色，选择语言，甚至转换话题。交谈不仅要见什么人说什么话，还要因地、因情而异，这也就是常说的"到什么山上唱什么歌"。例如，在学校可以谈论一下学校的改革变化，在车站、体育馆等公共场所聊一聊天气情况、体育赛事、文艺演出等内容。

3. 谦恭适度

谦恭适度，应该把自己摆在与对方平等的位置上。谦虚是一种美德，要牢记"山外有山，天外有天"，交谈不要争强好胜，更不要强词夺理，文过饰非，要与人为善。但是凡事皆有度。过度谦虚、假意应酬、妄自菲薄、缺乏诚意则过犹不及。

二、谈话中使用的语言

敬语和谦语的适当运用，让人觉得你彬彬有礼，很有教养。它可以使互不相识的人乐于相交，熟人更加增进友谊。

1. 尊敬的语言

尊敬语言的使用是对交往伙伴的尊重、礼貌的表示，常用的敬语如"请、您"等。"请坐"、"请进"、"请喝茶"、"请就位"、"请慢用"等，"请"字带来了人际关系的顺利进展，交往的顺利进行。"您"字常被中国人用来称呼他的长辈、上级及他敬重的人。南方的一些地区没有说"您"的习惯，来到北方只说"你"，结果得罪了别人，自己还不知道。因此，应当特别注意。

2. 礼貌的语言

礼貌的语言用于人们的交往场合，充分表现了谦恭、友好、敬重的语意。如"您好，谢谢"、"谢谢您的帮助"、"请您多多包涵"、"请多指教"等。

3. 使用商量或祈使语气

与人交谈，语气是信号灯。经常使用肯定的语气、否定的语气，可能会创造一种"权威"气氛，讲话人对所谈论事件有绝对的评判权利。而商量、祈使语气却会使人产生平等感。如"周六你替我值班啊"和"周六你有空替我值一下班吗？我想带孩子去看病！下次我替你"。两相比较，后者更易接受。

三、谈话的距离

谈话是人们交往的一种方式，目的在于彼此交流、沟通思想、观点、情感，为了达到这一目的，恰当地变化交谈双方之间的距离，是十分必要的。当然选择谈话距离并不仅仅为了让对方能够听清谈话内容，更为重要的是为了让对方感受到尊重。交谈时彼此贴近，双方的面目表情毫无遮挡地暴露在对方面前，易使倾听一方产生心理紧张；而相识的双方远距离的交谈又仿佛是在"谈判"，给人一种疏远的感觉，这与交谈的目的相违背。

什么样的距离才适于人们交谈呢？我们可以依据谈话的内容以及双方的关系来做选择。人们的交流、接触区间可以分为四个范围，它们分别是：

1. 亲密距离。使用这一距离交谈的人，一般是有特殊亲密关系的人，比如密友、情侣。在交往场合，也会有想借助拉近距离从而拉近情感关系的人，但近距离的极限是交谈的双方可以接受、不厌烦的。这种距离的范围应在0—0.5 m的范围内。

2. 个人距离。使用这种距离交谈的人，大多是好朋友、家人、熟识的人，在这样的距离中，他们交谈就像拉家常一样，温馨、柔和。这种距离的范围应在0.5—1.2 m之间。

3. 社交距离。使用这种距离交谈的人，一般是初识的人、几位陌生人交谈。在这样的距离内，交谈的双方都有安全感，感到自然、放松。这种距离的范围应在1.2—3.6 m之间。

4. 公共距离。它适用于一人面对多人或大众讲话的场合。如某部门举行新产品发布会，发言人与受众会保持这样的距离。这种距离的范围在3.6—6 m。

四、谈话的忌讳

谈话的双方在交谈过程中，应从对方的角度考虑，在确定了需要交谈的内容后，恰当地选用语言，尊重另一方。不要因为一句话、一种腔调而使对方不愉快。

谈话时不要使用行话、术语、俚语以及方言土语，因为它容易让人产生困惑，以至于不知所云，这些词语号称"交谈杀手"。

谈话的内容一般不要涉及个人的不幸、疾病、死亡等不愉快的事情，因为它会使本来阳光普照的天气蒙上一层阴云。对方反感的话题也应该知趣地回避，比如对方挨批评的特殊消息、对方又长胖了的问题，你不能妄加评说。

谈话中一般不要询问妇女的年龄、婚否；不要询问对方的生活履历、工资收入、家庭财产数额，以及人家的衣服、鞋子的价格等私人生活方面的问题。

谈话中一般不要涉及某人的宗教信仰、禁忌和特殊的风俗习惯。比如在信仰伊斯兰教的人士面前不要谈论猪及猪制品、饮酒等问题。

谈话中一般不要涉及单位的人事纠纷和涉及决策的积怨、有争议的兴趣爱好、低级笑话、小道消息等话题。

五、正确运用辅助语言交流的媒介

交谈中，语言是核心，但人的各种各样的肢体语言会起到辅助语言交流、强化交流意境的作用。

（一）眼睛。在人们进行语言交流的同时，可以用眼睛来表达肯定或否定的态度，用眼睛来确认彼此的情感关系。正因为它的特殊作用，要特别注意要正确地使用眼睛。

（二）手势。交谈中，人的手势可以起到象征、说明、协调行为的作用。人们在交谈中遇到难以达成一致意见，或者双方发生争执等情况时，某人会上举握紧的拳头，以示宣泄或示威。人们在谈话时会借助手势来说明问题，如阐述第一个问题时会伸出一只食指。另外人们有时会在交谈时紧握双手、双手相互摩擦，这表明他在用手的动作来协调行为；我们也曾遇到这样的情形，某一重大事件让人们欢喜、激动，人们会朝向他人伸出食指和中指，组成"V"（英文缩写，意思是胜利）的形状来抒发愉悦的心情。2001年7月13日中国赢得了2008年奥林匹克运动会的承办权，走向街头庆祝的人们纷纷向路遇的庆祝者伸出了"V"，共同分享喜悦的心情。

（三）面容表情。交谈中，双方的面目表情能够传达诸如肯定、否定、喜欢或厌烦的态度；表现人的心境，如喜悦、悲伤、痛苦、自信等。嘴角上翘会使人想到是在微笑，而嘴角下垂会使人感到是在生气；面容表情还可以表现人的性格、气质、阅历等信息。

（四）躯体姿势。人的躯体姿势可以表现人对某人、某事的态度及某人的生活状态，如人懒洋洋地瘫坐在沙发里，意味着他的疲劳或懒散；双手叉腰表示气愤或观望。正如古希腊苏格拉底所述：高贵和尊严，自卑和好强，精明和机敏，傲慢和粗俗，都能从静止或运动的面部表情和身体姿势上反映出来。

六、谈话中的倾听

谈话是人的双向交流，说与听并行，才能称作谈话，才能形成沟通、交往。

（一）倾听的作用

倾听他人谈话是对谈话一方的尊重，是友好的表示，同时，还有以下作用：

1. 了解大量信息，如事实、数据及他人的想法；

2. 理解他人的思想、情感和信仰；

3. 了解他人，改善工作关系，从而提高工作效率；

4. 增进了人们之间的相互理解，使紧张的关系得到缓和，从而避免不必要的纠纷。

（二）倾听的方法

1. 以良好的精神状态接受对方的态度。交谈双方在价值观念、信仰、理解问题的角度及思维方法等方面可能存在差异，给倾听对方谈话增加了难度，如"还能指望他说些什么呢"的想法一旦产生，听对方谈话就很困难了。抛弃差异、仔细倾听，就能掌握谈话人的观点。

2. 偶尔的提问、提示，给讲话人以鼓励。讲话者总是希望与听讲者交流，希望被人理解，如果听话者说"我可能没有听懂，你能否讲具体一点？""还有哪些方面需要考虑的呢？"等，会使讲话人产生被人理解、接受的感觉。

3. 及时反馈。倾听一方用自己的语言复述对讲话人所表达的思想与感情的理解，给讲话人以反馈，从而表达出讲话人所发布的信息已被听讲一方接收。反馈的形式有逐字逐句地重复讲话人的话，如，讲话人说：昨天晚上计算机坏了。听讲人说：哦，计算机昨天晚上坏了！除此之外，还有用自己的语言解释讲话人意思的方法。可以根据谈话内容进行选择。

七、委婉语

（一）委婉语的含义

委婉语是运用迂回曲折的语言词句，向交往的对方表达真实意思的语言形式。它在希腊文中的原意是"谈吐优雅"，它是借助语言的丰富形式，把原本因语境限制或令人不悦的事情，用听上去既文雅又得体的语言说出来。委婉语是语言中的"消毒剂"，是语言的软化艺术。

（二）委婉语的功能

通过委婉语的使用，可以避免因直言陈述、显露锋芒给对方造成伤害而形成对抗，能够启发人想象和思考，体会其中的事理，让对方在细细品味之后，接受你的观点，取得共同的认识，从而收到"言有尽而意无穷，余意尽在不言中"的效果。委婉语的曲径通幽、追求谦和，正是它的功能所在。

（三）委婉语使用的艺术

1. 利用比喻、双关、典故等手法代替直接表态。委婉法运用迂回曲折的含蓄语言，比直接表达效果好。

例如：一次，作家梁晓声接受英国一家电视台的采访。采访进行一段时间后，记者让摄像师停下来，他走到梁晓声跟前说："下一个问题，希望您做到毫不迟疑地用最短的一两个字，'是'或'否'，来回答。"梁晓声点头同意。录像又重新开始，记者把话筒立即伸到梁晓声嘴边，问："没有文化大革命，可能不会产生你们这一代作家，那么文化大革命在你看来究竟是好还是坏？"这个问题无论是肯定或是否定的回答，都会落入记者的圈套，都难充分地表达出作家对这个问题的思考。急中生智，作家反问："没有第二次世界大战，就没有以反映第二次世界大战而著名的作家，那么您认为第二次世界大战是好还是坏？"英国记者无法回答这个问题，作家也就无须再做回答。这里，梁晓声以巧妙的、委婉的方式有力地回击了英国记者的提问。

2. 利用含蓄的、意味深长的语言来表达。在公关交往中，常有固步自封的人或过于自信的人，遇到这种人就可以运用曲折委婉的语言来表达自己的意思。

例如：1972 年，美国总统尼克松访华时，在一次酒会上，周恩来总理说："由于众所周知的原因，中美两国隔绝了 20 多年。"一句"众所周知的原因"，隐含了大量的信息，这样，既避开了敏感问题、缓和了气氛，又表明了原则立场。

3. 运用模棱两可的语言作出具有弹性的回答。

例如：美国前总统罗斯福当年在海军服役期间，一位朋友问他有关美国海军在加勒比海某岛屿上建立潜艇基地的计划，罗斯福环顾四周以后，降低音调问到："你能保守机密吗？""当然能。"他的朋友严肃地说。罗斯福却微笑着说："我也能。"这样，既避开了实质性的问题，又无懈可击。

4. 我们应善于选用恰当的词汇。委婉语不仅是一种修辞，而且表达一种尊重。例如："残废"与"残障"；"瞎子"、"盲人"与"视力残障"等不同说法表达了委婉的程度，也表达了文明、尊重的程度。我们将"胖"说成"丰满"，将"瘦"说成"苗条"、"骨感美"，把"上厕所"说成去"洗手"、"方便"就显得比较文雅。

5. 在批评、拒绝时用委婉语，比较容易取得成功。例如：批评有"错误"、"毛病"、"缺点"这三个词，在词义上有轻重之分。在批评人时，选用不同的词汇，可以避免直接冲突。例如：有人买菜借挑菜时往下摘菜叶，售货员提示："请您别把菜叶碰下来"。一个"碰"，软化了批评。再如：将"不同意"说成"目前，恐怕很难办到"，言辞中的棱角就磨掉了。

八、幽默的礼仪

列宁曾经说过："幽默是一种优美、健康的品质。"在公关活动中，语言的文雅，语调的亲切是取得成功必备的条件，但是在特殊情景中，幽默语言的使用，会使公关交往更加有色彩。

（一）幽默语的含义

幽默语是运用诙谐的、意味深长的语言传递信息的方法。它借助特殊的语法修辞来使交往的双方摆脱窘境、进入愉悦的境地。

（二）幽默语的功能

1. 幽默语在公关交际中，能够使紧张、严肃的气氛变得轻松、愉快、活泼。

2. 幽默语有助于融洽人们的感情，消除误会，拉近交际双方的心理距离。

3. 幽默语被使用在喜庆、欢乐的场合，能够制造祥和、欢快的气氛。

4. 幽默语还可以使得人们的交往产生美感，另外它还具有讽刺、批评和教育的作用。

第三节 ｜ 电话礼仪

电信的发展为现今社会的人际交流提供了方便、快捷的工具——电话（包括手提电话），电话通讯成为了一种重要的社会交往方式。有了工具，还需要人们具有更好地使用这种工具的知识，如打电话、接电话的礼仪知识。

一、接听电话的礼仪

电话铃声一响，应该在三声以内拿起电话，两声最佳。铃声一响就接有时会掉线，有的话机只有在第二响才能出现来电号码显示。如果是工作的电话更应该注意。电话铃声响过多次才接起，容易使打电话的人产生不良印象，甚至会影响所属学校的形象。

（一）问候

接起电话后应尽快说出："你好，这里是某某学校"，也可以说："早晨好，某某学校"，而不能拿起电话就说："喂"、"你是谁"。

（二）使用使对方愉快的语词

接听电话、与来电者交谈应选用清晰、悦耳的语调，选用谦恭、友善的语气，让人听起来轻松、愉快。如接起电话、向对方问好后说："接您的电话真高兴"、"我能为您做什么吗"。

（三）转接电话及留言

如果接听电话对方所要找的人不在，或者询问的事情一时难以回答，可请对方留下电话号码，并告诉对方"某某一回来，我就请他给你回电话"，或告诉对方"等我询问清楚，再给您回电话"。

转接电话的时候，一定要确认对方的姓名和身份，应首先问一句："很抱歉，请问哪一位？"否则，来电一方所指定接电话的人，可能根本与来电方不认识，如果把电话直接递过去，会造成尴尬的局面。

接听电话时需留言，应认真、准确、清楚地做好记录。为了准确无误，接电话的人可将记录内容给对方重复一遍，然后表示："我一定帮你转达"，同时要标注清楚接到电话的时间，以免与其他留言混淆。

二、打出电话的礼仪

（一）选择恰当的通话时间

要确定打出电话的时间，既要有打电话的需要，也要考虑对方的情况，除特殊情况外，因公事最好在上班时间打电话。即使是私人电话也应避开用餐时间、睡眠和休息时间，如晚间22：00至次日早7：00前，最好不要打电话。另外，还要注意通话时间的长短。通话有一个三分钟原则，即每次谈话一般不要超过三分钟。当然，如果是电话谈心、电话会议则不在此列。

（二）通话目的明确

打电话前要明确打电话的目的，以便拨通电话后能迅速而有条理地说出所要谈的事情。切忌漫无目的地东拉西扯，给通话的另一方拖沓、低效的印象。即使是为了沟通感情而闲聊，也应先把正事说完。

（三）安排通话内容

先把通话要点告诉对方，然后再详细说明内容，如今天打电话主要想说两件事，第一件是……，第二件是……，这样使受话一方能够清晰地听出你所说的内容，避免了抓不住话题方向现象的出现。

（四）挂断电话时注意使用礼貌用语

挂断电话前，要说一些表示礼貌、友好的话，如"打扰您了，再见"、"谢谢您的指教"等。

三、电话礼貌用语

打电话时使用礼貌语言，能取得与受话方更好的沟通效果。如"您好，我是某某"、"请稍等"、"对不起，请问您是哪一位"、"拜托您了"、"对不起，让您久等了"等等。

四、接打电话"六注意"

（一）对拨错号的情况要友好应对。

（二）向另一方通报本人姓名和所属单位名称。

（三）请对方回电话要留下自己的电话号码。

（四）认真听打电话一方的谈话。

（五）向通话一方介绍自己所处的通话场所、通话时在场人员。

（六）适时结束通话，一般是主叫方先挂。领导、女士、长者可以先挂。

五、处理通话中出现的问题

（一）线路中断的解决办法

通话时线路突然中断是令人讨厌的事。此时，主动打电话的一方应重拨电话，重拨越快越好，接通后先表示歉意，说："对不起，刚才线路出毛病了。"即使通话即将结束时线路中断，也要重拨，把话讲完再挂断。若在一定时间内打电话的一方仍未重拨，接电话一方也可以拨过去。

（二）通话时受到干扰的解决办法

通话时经常受到各种干扰。如果你走进别人办公室时，他正在与别人通话，应轻声道歉并迅速退出；如果接电话时室内已经有人或通话时有人闯入而没有退出室外，可先对话筒说声"对不起"，然后有礼貌而坚定地对进来的人说"我待会儿再去找你"，示意其退出。如果有急事必须马上找正在打电话的人，只能将要谈的问题写在便条上放在他的面前，然后再退出。

六、用好手机

手机被称作"第五媒体"，中国有 2.1 亿的移动用户，手机为我们带来极大的方便。但是，放肆地使用手机会成为社会礼仪的最大威胁。"现在通话方便吗？"通常是拨打手机的第一句问话。在没有事先约定和不熟悉对方的前提下，我们很难知道对方什么时候方便接听电话。所以，在有其他联络方式时，还是尽量不打对方手机好些。如果在禁用地点使用手机还可能造成灾难。怎样合理地利用手机呢？

在一切标有文字或图标禁用手机的地方，均须遵守规定。乘飞机时，必须关闭手机，因为手机信号会干扰飞机导航系统。在加油站或是医院里用手机就有可能酿成火灾，或影响医疗仪器设备的正常使用。在驾车时不宜使用手机通话，否则易造成事故。

其次，电影院、严肃音乐会、舞蹈演出、开会、听报告时，不应使用手机。公共场所应使之静音或转为振动状态。在一些场合，发送短信息往往比打手机更合适一些。我们建议应该多熟悉一下诸如语音信箱、短消息等特色服务功能。

有特别紧急的情况必须使用手机时可以换个房间，走到室外，甚至可以躲进厕所。

打手机时声音不要过大，尤其在公共场所，使用手机佩带的耳机与麦克时大喊大叫，别人会感到莫名其妙。

特别提示：出于自我保护和防止他人盗机、盗码，不宜随便将手机号码告诉别人，更不应当随便将别人的手机号码转告他人。不宜随意互借手机。不在不正规的维修点对其进行检修。

七、正确使用新技术设备

（一）使用语言信箱和录音电话的留言功能

有时我们不在，来了电话没人接听就有可能误事。安装语言信箱和录音电话两种装置，打入的电话就不会无人应答了。使用以上装置的留言功能，机主应注意：要留下自己的电话号码或者全名；留言简明扼要。注意提醒来电人要说明与自己的关系，留下电话号码及简短留言。要告知来电人本装置的工作性能，如蜂鸣声共有几响，是否需要听完方能启用等；告知来电人大概在何时回来及回来后及时回电。如：谢谢您给××中学来电话。请在听到"嘟"的一声后留下您的姓名、电话、留言及日期。

打入电话无人接听，但有留言装置时，可使用留言功能。使用时注意以下问题：确认是否拨到了要找的人的电话；先讲出自己的姓名，说话要慢而清晰；留言结束时，再次自报姓名和电话号码；按装置的指令退出。

（二）使用车载电话

车内电话使得即使在路上也能保持与他人的联系，但使用时应该注意以下问题：

1. 通话时，首先要遵守交通规则。汽车行进过程中，最好不要打电话，因为边打电话边开车易影响行车安全。当然能找恰当的位置停车后再打电话，既安全，又尊重了接听电话人。

2. 要先告诉对方你使用的是车内的电话。这样，万一中途断线，或是声音时强时弱，可以让对方了解原因。

3. 若使用车内电话，电话内容要扼要、精练；声音要清晰、洪亮。

4. 不要边开车边做电话记录。

5. 不要在加油站、医院附近通话，避免危险。不要在隧道、桥梁、收费站或可能影响信号接收的地方拨打电话。

自我评价

自我测试题	是"√"	否"×"
1. 在与人交往过程中是否总是讲真话。	☐	☐
2. 在与人交往过程中是否注意区别对待。	☐	☐
3. 在与人交往过程中是否总是用敬语。	☐	☐
4. 在与人交往过程中是否总是注意交谈距离。	☐	☐
5. 在与人交往过程中是否总是注意运用目光作为辅助语言。	☐	☐
6. 在与人交往过程中是否善用形体语言。	☐	☐
7. 在与人交往过程中是否注意倾听他人说话。	☐	☐
8. 在与人交往过程中是否注意使用委婉语。	☐	☐
9. 在与人交往过程中是否注意使用幽默语。	☐	☐
10. 在接电话时是否注意尽量在三声以内接听。	☐	☐

续前表

自我测试题	是 "√"	否 "×"
11. 在接电话时是否注意先问候。	☐	☐
12. 在接电话时是否注意礼貌沟通。	☐	☐
13. 在接电话时是否注意礼貌转接电话。	☐	☐
14. 在接电话时是否注意该谁先挂断。	☐	☐
15. 打出电话时是否注意礼貌的通话时间。	☐	☐
16. 通电话断线时是否注意到应该主叫方主动再叫对方。	☐	☐
17. 使用手机时是否注意禁用的地区和礼仪。	☐	☐

第四章　师生关系礼仪

教师和学生的关系是学校里最基本的人际关系，教师与学生，在人格上是平等的，在教育过程中通过心灵的交流，体现师生间互相尊重的关系。作为教师，处理好师生关系，能体现教师的高尚的个人品格、优雅的礼仪修养。

教师格言

假若你的工作、学问和成绩都非常出色，那你尽管放心，学生会站在你一边，决不会背弃你。

高度熟练，真才实学，有本领，有技术，手艺高超，沉默少言，实事求是，不辞辛苦——这才是最能吸引孩子们的东西。

——马卡连柯

第一节 | 谈心的礼仪

一、教师与学生谈心的礼仪

谈心，是教师在教育工作中必不可少的内容。生活中不难听到这样的话："我跟他说了半天，口干舌燥，他就是不听。您和他谈，他怎么就同意了？"究其原因，懂得运用交谈艺术，是每位教师与学生交谈成功的关键。

1. 提前通知，有所准备。谈心最好提前与学生打招呼，让学生有一个思想准备，这既是一种礼貌，又是对学生的尊重。

2. 热情迎候，营造平等气氛。举止端正，行为有度。谈话时，语气要平和，要有耐心，不要高音量，不反唇相讥，应表现出良好的道德修养。

3. 交谈中，神态要专注，不要左顾右盼，也不要频频看表。如果有要紧事，要实话实说，心不在焉会令学生难以接受。

4. 交谈时，应使用简洁、明了的语言。不要故作高深，故意卖弄，否则学生会对您产生不信任感。

5. 当学生在谈话时，您应有适当的反馈，让学生感觉到您是在很认真地聆听。您要适当地运用表情和身体语言，如微笑、点头、身体前倾等。这样会令学生十分愉快，并会回报您以同样的尊重。

6. 分清场合，入情入理。教师的表情要与谈话对象、内容协调一致。在与学生进行谈话时，不要言过其实，故意夸大事实，也不应传播不利团结或道听途说的事情。

7. 耐心倾听，侍机疏导。在和学生谈心时，教师应主动请学生坐。若学生不坐，为体现教师对学生的尊重，教师应与学生站着说话。在和学生说话时，教师无论是站着还是坐着，都应该姿势端正，不可东张西望，不可抓头摸耳，不可抖腿搁脚。教师还应该双目凝视学生，认真倾听学生说话。如果学生说的话，教师感到不理解，或者有不同看法时，教师应诚恳地给学生指出，直到学生理解为止。

二、教师与学生谈心的注意事项

教师与学生谈心要注意礼仪礼貌，谈话时态度要诚恳、自然、大方。

1. 耐心倾听学生的谈话，注意尊重学生，不随便打断话语或随意插话，或自己做"鸿篇大论"。

2. 不要做不必要的小动作，不要不时地发出"嗯、啊、噢"的声音。

3. 要学会倾听学生的谈话，要让学生把话讲完，要注意控制自己的感情，不要过于激动，等听完之后，冷静分析，做出自己的判断。

4. 不宜说话颠三倒四，毫无铺垫地从东跳到西，叫学生无法领会。

5. 忌讽刺挖苦。与学生谈心不可咄咄逼人、讽刺挖苦、一声比一声高，叫学生觉得您很愤怒无礼。

6. 不宜问学生不愿回答的问题。

温馨提示

通俗、严谨、风趣的语言，不但能达到良好的表达效果，而且能创造交流的融洽气氛和亲密无间的师生关系。

7. 不宜用太长时间谈论自己。

8. 不宜在交谈中，频频接、打手机。

9. 不宜在谈话中提及对方的伤心事。

10. 忌居高临下。教师跟学生谈心时，双方应目光平视。学生如果扬着头听老师讲话（教师可弯腰或蹲下），就会形成一种不平等的交往。

第二节 | 批改作业礼仪

前苏联著名教育家苏霍姆林斯基说："教学目标的达成，很大程度上取决于教师的语言。"教师的语言不只是指教师的口头语言，它还应包含教师的表情语言和书面语言，而作业批改正是教师书面语言的直接体现。教师如果能按照书面礼仪规范，灵活运用个性化评语来批改学生的作业，往往能够激发学生强烈的求知欲，使教学工作取得事半功倍的效果。

一、教师批改作业的礼仪规范

1. 批改作业一律使用红色墨水。

2. 按照教学常规中各学科设置的作业，要求做到全批全改。

3. 批改符号原则上应求一致，圈画要有规范，自成体系，一目了然。多做评语。

4. 每次作业教师应及时地进行批阅，认真评分，所给分数、批改日期，写在学生作业结尾的下一行里。

5. 作业应尽快批改发还学生，并督促学生详加研读，或加以讲解以发挥批改的效果。这有助于培养学生按时完成任务的责任感和良好的学习习惯。

6. 在批改作业中要善于发现教学中存在的问题并及时补救，要有启发性、鼓励性的批语，以激发学生的上进心。

7. 作业如有错误，教师应予以订正，应指导学生重做或指导学生自行订正直至正确为止。订正的作业，教师同样进行批改，标上批改时间。

8. 对书写整洁、解题具有独到之处的学生，教师要有针对性的批注。

9. 教师的批语，应符合学生的水平，书写要工整。

10. 打钩要规范，不能连钩带拖，要打在答案的结尾。

11. 批改学生作业，教师应注意字迹工整，认真仔细，以示对学生劳动的尊重。对错题多的学生要进行面批。

二、使用评语的礼仪规范

评语，是一种作业批阅的方式，实践证明，使用评语，可以弥补"√"、"×"判断方法的不足，还能从解题思路、能力、习惯、情感、品质多方面综合评价学生的作业。它有利于促进学生的发散性思维和形成创新意识；更有利于加强师生之间的情感交流，调动学生的学习积极性，促使学生养成良好的学习习惯，促进学生各方面和谐统一的进步。这种评估方式符合素质教育的要求，并在评估过程中体现素质教育。这种评估方式更符合青少年成长的心理需求，同时也能反映出教师以学生为中心的教学礼仪规范。

1. 作业评语的原则

简洁、明了、自然、亲切、实事求是、充满希望、富有启发性。

2. 正确使用评语

恰当的评语可以激发学习兴趣、强化学习动机、养成良好的学习习惯。带有感情色彩的评语，能使学生感受到老师对他的关爱和希望，从而使学生逐渐产生浓厚的学习兴趣。教师对学生作业的错或对要进行适当的评价和鼓励，这样才能使学生对成功和失败都有一个正确的认识，从而做到胜不骄、败不馁，让学生从容地对待失败，树立必胜的信心。

下面是一些好的评语：

（1）"方法太好了，可要细心呀！"

（2）"你肯定有高招，因为你是我的骄傲。"

（3）"你准行！""你的进步很大，因为你付出了劳动。"

（4）"看到你在进步，我万分高兴，希望你更上一层楼。"

（5）"还有更好的解法吗？""爱动脑筋的你肯定还有高招！"

（6）"解得巧、方法妙！"

（7）"你很聪明，如果字再写得好一点，那就更好了！"

（8）"结果正确，但格式正确吗？"

（9）"聪明的你，一定能发现简便方法！"

（10）"搬开你前进的绊脚石——粗心，奋勇前进！"

（11）"和细心交朋友！"

（12）"你的字写得真漂亮，要是能提高正确率，那肯定是最棒的!"

（13）"再细心一些，你准行!"

学生作业做得又对又好，除了写上"好"外，还应加上各种评语，如"你真棒!"、"太妙了!"对字写得好、作业正确率高、有创意的学生，写上"best!"对于这些新鲜的评语，学生充满了兴趣，也使作业批改真正具有艺术性，显示出教师高雅的礼仪风范。

三、教师批改作业的禁忌

1. 忌用"√"、"×"来判对错。教育专家认为，传统做法过于简单，有些学生一见"×"，就觉得自己成绩差，"×"多干脆不管了，这样易刺伤学生自信心，同时不利于指导学生认识及纠正错误。如果改成"?"，学生会去想为什么会做错? 改正后可以再换回"√"。

图 12：作业本上传统的作业批改方式画×，个性化批示：悲伤的面目表情；作业本上传统的批改方式√，个性化批示：微笑的面目表情

2. 反馈时间过长。当前教师的工作量普遍偏重，造成每次作业批改的周期过长，一般为四五天，长的竟达一个星期。学生作业中出现的问题不能及时解决，正确的得不到强化，错误的得不到及时改正，实际上已经失去了批改作业的信息价值，从而影响了教学质量。

3. 校正措施不力。因为反馈时间过长，作业返回学生手中时，知识已学过几天，加上课业负担较重，学生根本没有时间回头复习旧课、校正作业中存在的问题，就开始做新作业，形成了问题遗留，违背了循序渐进的学习过程。

4. 反馈信息量过小。由于教师教学负担过重，所谓全批全改，也只是"蜻蜓点水"简单地画上对、错号，不能做到全面分析，不能给每个学生的作业认真评论或改正。等作业发下来，学生看到的只是对、错号，却不明白错因，如此反馈，信息量过小，作业利用价值不大。

5. 忌对作业错误较多的学生讽刺挖苦。应该给予关心爱护，帮助分析错误的原因，使其掌握正确的改正方法；对做作业马马虎虎、不认真的学生，应在批评教育的基础上，做耐心的工作，使他们改正不良习惯。

6. 忌责骂质量特别差的作业，相反，应尽量发现他们的闪光点，以鼓励的语气调动他们的积极性。

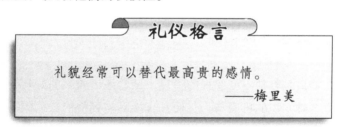

礼仪格言

礼貌经常可以替代最高贵的感情。

——梅里美

第三节 | 考试点评礼仪

考试、批阅、讲评试卷是教学评估过程中十分重要的环节，对学生存在着明显的导向和激励作用。教师要善于利用批阅试卷这一杠杆，鼓励学生追求真才实学，帮助学生找出学习过程中存在的不足。有些教师认识不到这一杠杆的特别作用，批阅学生的试卷、作业很不认真，走马观花，不讲礼仪规范，把学生的正确答题改错了，对学生的求异思维不理解、不接受，严重地影响了学生学习积极性和创造性。有些教师将这一杠杆"歪用"，通过任意扣分，"蓄意"制造"不及格"，对学生施以"心灵惩罚"，使学生的学习积极性和自尊心受到严重的创伤，教师形象在学生心目中严重受损。

一、试卷批阅的礼仪规范

1. 试卷批阅一律用红笔。
2. 试卷批阅时每部分扣分均应在对应项目处标明。
3. 试卷每部分得分应在答题纸相应栏目框内注明。
4. 总分必须准确，切忌发生加减错误。
5. 阅卷教师签名。

试卷批阅时也应做到卷面清晰，不宜涂改，更不可在卷面上出现随意加分或减分现象。如确需涂改，务必在修改处签上姓名。各项得分栏目框及总分框内数据如有涂改，也应签上教师的姓名。

二、试卷讲评礼仪

试卷评讲是教师不可忽视的一环，试卷评讲效果的好坏，不仅关系到学生基础知识的巩固与否，而且直接影响到他们今后的考试及学生的自尊心。教师评讲试卷，是让学生"知其所以然"，是让学生明白"考我什么"，是让学生由被动地埋头做题变为主动地审视答题。因此让学生每做一份试卷、每听一次评讲，都能巩固知识、领悟道理、开拓视野、掌握技巧、提高应考能力，这才是评讲的目的。教师讲评试卷应建立在规范、宽容、理解、尊重的基础之上，照顾到每位学生的心理感受，体现出教师的崇高情怀与严谨的礼仪规范。

1. 备好试卷评讲课

评讲前，教师要准备好标准答案；与考试目的结合，注明考点；吃透试题内容；分析失误原因、总结失误类型；备好评讲材料，使评讲达到最佳效果。

2. 遵循讲评原则，尊重学生，关注学生的发展

讲评应以表扬鼓励为主，激励学生奋发向上的精神；纠正错误，分析原因；突出共性问题，不要面面俱到；分析错误，人人参与；贯通前后知识，跃上新台阶。

3. 讲评针对性明确，提高讲评的实效性

笼统地说，讲评的目的在于教与学双方通过讲评，发现各自存在的问题，以便在今后教与学的过程中，加以解决。试卷讲评课和上新课一样，需要许多艺术和技巧，教师必须充分发挥自己的才智，从多方面多角度讲评，切莫把答案公布就完事。要针对学生不同的特点采用有针对性的讲评。

4. 试卷讲评要及时

学生考试后，都迫切希望知道哪些做对了，哪些做错了。若拖延一段时间才讲评，学生的迫切心情淡化了，所做的题目也淡忘了，讲评的促进作用会受到很大影响。

5. 讲评要保护学生积极性

试卷讲评时教师难免要做一些总结，或表扬鼓励，或提醒告诫，但要掌握尺度，切忌只顾分数、不管其他，一味地表扬好学生、批评后进生。尽量采用多肯定、少责备的方式来总结考试过程中的得失。讲评中应教育学生正确对待考试，正确对待分数。好学生在高分面前应不自满，后进生在低分面前不要气馁。每个同学都是集体的一员，同学间要互相帮助，共同进步，不要轻易让一个同学掉队。

试卷答得不好的同学，可以表扬其试卷书写认真。讲评中要尽量保护学生学习的积极性。讲评时要特别看到后进生的点滴进步，及时给予表扬鼓励，让他们树立信心求上进。

6. 试卷讲评用语要巧妙

前苏联教育家苏霍姆林斯基说："教师的语言修养，在很大程度上决定着学生在课堂上脑力劳动的效率。"的确，教学目标的达成，很大程度上取决于教师的用语。这里的"巧"，是指在评析时，教师

注重讲评技法，采用适当的语言表达方式。教师语言带有鼓励性，可让学生不时感觉到自己的行为得到了教师的肯定，有一种成就感。教师可以直接肯定，也可采用各式体态语来暗示鼓励。鼓励不仅适用于学习优秀的学生，更适用于学习不够优秀的学生，因为，鼓励是前进的动力，它能给学生带来希望，增加信心。

第四节 | 班会的礼仪

礼仪格言

> 礼仪的目的与作用本在使得本来的顽梗变柔顺，使人们的气质变温和，使他尊重别人，和别人合得来。
>
> ——约翰·洛克

一、班会的准备工作

班会是以班级为单位的全体学生的会议或活动。它既是班主任对学生进行管理、引导和教育的重要途径，又是培养和展现学生自我管理能力，培养和增强学生主人翁意识的一种主要形式，同时也是处理、解决班级问题、开展各项活动的有效途径。

1. 确定班会时要有针对性和预见性。

2. 班会的筹备与组织要有实效性、主动性和整体性。

3. 教师对班会要有指导。

4. 班会既要充分发挥学生的主体作用，又不能忽视教师的主导作用，班主任要对学生的观点和看法加以及时的引导、提炼和总结。

5. 教师在召开班会时，最好不要拖泥带水、啰嗦，这样不仅收不到好的效果，反而会引起学生强烈的反感。

6. 教师在班会总结时，要实事求是，一视同仁，不偏不倚。

二、班会程序及分工

1. 班会程序

（1）班会开始

（2）主席就位、嘉宾入位

（3）全体肃立

（4）唱国歌

（5）主题活动

（6）教师讲评

（7）散会

2. 班会分工

（1）主持人：班长

（2）出席：班级全体同学

（3）列席：嘉宾、班主任

（4）记录：宣传委员

（5）班长宣布本次班会议题

三、班会礼仪

1. 班会主持人礼仪

（1）主持人应衣着整洁，大方庄重，精神饱满。

（2）走上主席台应步伐稳健有力，行走的速度要因会议的性质而定，热烈的议题步频应快，庄重严肃的议题步频较慢。

（3）入席后，如果是站立主持，应双腿并拢，腰背挺直。持稿时，右手持稿的底中部，左手五指并拢自然下垂。双手持稿时，应与胸齐高。坐姿主持时，应身体挺直，双臂前伸，两手轻按于桌沿。主持过程中，切忌出现搔头、揉眼、翘腿等不雅动作。

（4）主持人言谈应口齿清楚，思维敏捷，简明扼要。

（5）主持人应根据会议性质调节会议气氛，或庄重，或幽默，或沉稳，或活泼。

（6）会议主持人要控制会议进程，避免跑题或议而不决，控制会议时间。

2. 班会座次安排

班会的座次安排决定班会的成功与否。因此，要特别注意座次的安排。如果有嘉宾观摩，他们一般坐在教室的后边，或者是比较靠里的位置。以教室的门为基准点，里侧是嘉宾的位置。

3. 参加会议者礼仪

（1）与会人员要按时到会，遵守会议纪律。开会时要尊重会议主持人和发言人。当别人讲话时，应认真倾听，可以准备纸、笔做记录。不要在别人发言时说话、随意走动、打哈欠等。会中尽量不离开会场，如果必须离开，要轻手轻脚，尽量不影响发言者和其他与会者，如果长时间离开或提前退场，应与会议组织者打招呼，说明理由，征得同意后再离开。

（2）会议发言者应衣冠整齐，走上讲台应步态自然，刚劲有力，体现一种成竹在胸、自信自强的风度与气质。发言时应口齿清晰，讲究逻辑，简明扼要。如果是书面发言，要时常抬头扫视一下会场，不能低头读稿，旁若无人。发言完毕，应对听众的倾听表示谢意；自由发言则较随意，发言应讲究顺序和秩序，不能争抢发言。发言应简短，观点应明确。与他人有分歧，应以理服人，态度平和，听从主持人的指挥，不能只顾自己。

如果有会议参加者对发言人提问，应礼貌作答，对不能回答的问题，应机智而礼貌地说明理由，对提问人的批评和意见应认真听取，即使提问者的批评是错误的，也不应失态。

（3）在开会过程中，如果有讨论，最好不要保持沉默，这会让人感到你对会议漠不关心。想要发言时应先在心里有个准备，用手或目光向主持人示意或直接提出要求。发言应简明、清楚、有条理、实事求是。反驳别人不要打断对方，应等待对方讲完再阐述自己的见解，别人反驳自己时要虚心听取，不要急于争辩。

第五节 | 课外活动礼仪

课外活动是对学生进行德、智、体、美、劳五方面综合教育的重要途径，能够充分发挥学生个人的主动性、积极性和创造性，有利于学生特殊才能的发展。对于指导教师来说，课外活动的地点应精心选择，精心设计，精心布置，使之具有典型性、艺术性，从而增强活动的感染力和效果。这就要求指导者应根据活动的内容来选择、设计、布置活动举行的环境，以环境突出主题，深化主题，烘托主题，力争以景育人。活动环境的选择、设计和布置要从本地、本校、本班的实际出发，切忌舍近求远，铺张浪费，贪大求洋。无论组织哪种类型的课外活动，都必须遵照活动礼仪规范开展活动。

一、课外活动礼仪规则

1. 课外活动应有教师负责指导、监督，如有需要，可邀请校外教师协助推行活动。

2. 课外活动安排应与全校其他活动配合。

3. 借用视听器材或场地应按照规定填写有关表格。

4. 学生参与活动前，应填写手册或家长信，通知家长有关内容，并取得家长同意。

5. 学生离校外出活动，教师应先向学校递交申请书，获得批准后方可举办。通知任课教师，安排加课，并将活动安排通报在学校通知栏中。

6. 学生必须准时出席活动。如有事未能出席，须事先通知教师。如学生未通知教师，教师须联络学生，以了解情况。

7. 教师与学生不得无故早退或自行离去。

8. 必须遵守纪律及秩序，服从负责老师的指示。

9. 学生须穿着指定的服装并配带必备物品出席活动。

10. 课外活动与补课或测验冲突，教师应在活动后组织学生参加补课或测验。

11. 教师带领学生校外活动，应注意安全。

12. 发生任何意外，须速向学校报告，若有学生受伤，应立刻通知学校，采取救治行动。事后，教师可向校方索取赔偿条例查阅。

13. 既定活动如须取消或有其他调动，应通知活动成员。

14. 将活动资料（可附上活动照片）交学校存档。

二、课外活动中的礼仪禁忌

1. 忌奇装异服和不分场合乱穿衣，忌拖鞋歪帽，半披半挂，不修边幅，蓬头垢面，也忌过分打扮，浓妆艳抹等。

2. 课外活动中摄影留念，忌抢占前排中心位置，显露自己；应按照先女后男、先老后少、先矮后高礼貌原则排序，并按照衣服色彩进行审美调节。领导与全体合影留念，应把慰问者与接见者安排在中心地位，体现活动主题，忌喧宾夺主，主从不分。

3. 课外活动中，如果因为自己迟到而推迟活动进行，到场以后，忌不道歉。

4. 忌悄声离去。如需临时离开，须向有关人员说明。否则，会影响学生的情绪。

5. 参加课外活动的言语、行动，忌离开主题、节外生枝。应使用礼貌用语。

6. 课外活动中，忌制造分裂。这些做法会导致活动不欢而散。

第六节 | 外出参观游览礼仪

一、参观礼仪

博物馆、展览馆和美术馆是高雅的场所，教师与学生前去参观可以增长知识和提高艺术修养，因而在这种场合更要讲究礼仪。去博物院参观文物古迹和去游乐区游玩不一样。在游乐区时，心情放松，可以大喊大叫。但去参观古迹博物馆时，虽然也是休闲活动，却是属于知识性的活动，所以参观时有需要注意的礼节。

1. 携带好参观所需物品

（1）纸、笔、学习单

（2）照相机

（3）参观手册

（4）简介、指引图

2. 进入博物馆和美术馆要将大衣、帽子以及旅游携带的杂物存放在衣帽间。

3. 参观时要服从工作人员的指导、耐心排队、轻声慢步、遵守馆内的规定、仔细地观察。要保持馆内安静的环境和良好的学术氛围，

4. 专心地听解说员讲说，遇到疑问，可以有礼貌地请教馆内的解说员，问题清楚后，表示感谢。

5. 有些参观地点是不适合拍照的，最好在拍照前先征询馆方的同意。

6. 参观时要爱护展品，不要用手触摸，以免破坏作品。对于博物馆和美术馆的特殊规定，参观时一定要遵守。

7. 个人服从集体。

二、参观禁忌

1. 忌大声说笑。

2. 忌戴帽子或者携带食品、杂物进入展览厅，一边参观一边吃东西是不文明的举止。如果要吸烟、喝水、吃东西可以到休息室去。

3. 忌问完问题转身就走。

4. 忌对展品妄加评论。

5. 忌从他人面前穿过。如果您很欣赏某件展品，在不妨碍他人的情况下可以多欣赏一会儿。如果别人正停住欣赏某件展品，您要穿过时，一定要说"对不起"。

6. 忌乱扔垃圾。

三、游览观光礼仪

1. 旅游观光时应爱护旅游观光地区的公共财物。对公共建筑、设施、文物古迹、花草树木，都不能随意破坏；不能在柱、墙、碑等建筑物上乱写、乱画、乱刻；不要随地吐痰、随地大小便；不要乱扔果皮纸屑、杂物。

2. 遵守拍照规定。许多景点规定某些禁区或某些地方禁止拍照，一般都有明显的标志。但在边境口岸、机场、博物馆、新产品展览处、古文物、私人宅院等地，如果没有设立不准拍照的标志，也禁止拍照。

3. 不能随意对着不相识的人照相。拍照时注意不要影响、妨碍交通。

4. 不要用手抓捕和挑逗街心公园、动物园、植树园里常有的松鼠、候鸟、鸽子、天鹅等野生动物。

5. 街道两旁、街心公园等均有花草树木，不要随便采花摘叶、攀登树木或践踏绿色草坪。在街上行走，穿越马路要注意安全，遵守交通规则。

6. 在公众场合不得吸烟，在飞机、轮船、火车上则分吸烟和不吸烟座位，在不吸烟座位上不得吸烟。

案例：

乱扔饮料瓶砸坏珍贵钟乳石

某天傍晚，湖南省娄底市游客谢某与几名朋友到湖南冷水江市国家级风景名胜区波月洞内参观，在洞内由钟乳石组成的"鹅管群"景点处，谢某无聊中把还剩有部分矿泉水的瓶子砸向"鹅管群"，当场造成三根"空心鹅管"折断跌落。

事发后，波月洞管理处邀请中国地质科学院桂林岩溶研究所对破损进行鉴定，专家认为，"空心鹅管"系天然钟乳石，经过数世纪点滴聚积而成，波月洞这样密度高、面积阔的"空心鹅管群"更是价值连城，这三根"鹅管"的损失无法估算。7月下旬，经与有关部门再三研究，波月洞管理处决定把谢某告上法庭，并参照张家界景区内黄龙洞"定海神针"的投保标准，要求谢某赔偿景区 176 万元。

几经协商和斡旋，并综合考虑到谢某的赔偿能力和认错态度，景区管理处最后同意对谢某从轻处理，由谢某赔偿管理处 12000 元。

"文明、规范、有序"是游客游览风景名胜区的基本行为准则。而游客谢某却因自己无聊中的一次粗野行为，让价值连城的"绝世景观"受到严重损害，惹出 176 万元赔偿祸端，结果也使自己付出了昂贵的"学费"。

自我评价

自我测试题	是"√"	否"×"
1. 教师和学生的关系是学校里最基本的人际关系。	☐	☐

自我测试题	是"√"	否"×"
2. 与学生在谈话时，教师应耐心倾听，侍机疏导。	☐	☐
3. 出于关心，教师可以问学生不愿回答的问题。	☐	☐
4. 教师批改作业应做到：简洁、明了、自然、亲切、实事求是、充满希望、富有启发性。	☐	☐
5. 试卷批阅及阅卷人签名一律用红笔。	☐	☐
6. 讲评试卷要遵循讲评原则，尊重学生，关注学生的发展。	☐	☐
7. 教师在班会总结时，要实事求是，一视同仁，不偏不倚。	☐	☐
8. 教师对课外活动的地点应精心选择，精心设计，精心布置，使之具有典型性、艺术性，从而增强活动的感染力和效果。	☐	☐
9. 参观博物馆时忌从他人面前穿过。如需强行通过，应说"对不起"，并快速通过。	☐	☐
10. 在边境口岸、机场、博物馆、新产品展览处、古文物、私人宅院等地，如果没有设立不准拍照的标志，可以拍照留念。	☐	☐

第五章　教师与家长沟通礼仪

教师在工作中，时常与家长进行沟通，此时的礼仪，不仅反映教师个人的修养，也代表学校的形象，因此，教师要严格遵守礼仪规范。

第一节｜家长会与接待家长礼仪

家长会，是学校、老师与家长沟通的最主要、最直接的方式，也是家长了解孩子在学校各方面表现的重要渠道。家长、老师、孩子对"家长会"的态度是一个窗口，通过这个窗口，我们可以看到不同的教育观念，看到教育中存在的问题。

但是，北京一所学校曾针对家长会对 328 名不同年级的学生进行了一次问卷调查。调查结果显示：36.3% 的学生惧怕开家长会；家长会后，11.3% 的学生与教师关系变得紧张，20.1% 的学生与家长关系紧张，30.5% 的学生受到严肃批评并被限制活动。不少学生表示希望家长会"尽量少开"、"最好永远不开"。

家长会本应是一次绝好的学校、家庭、社会三方面相互交流、协调的机会。怎么会出现如此现象呢？家长会怎样开才能使家长和学生都满意，使家长、学生与学校教师走得更近，使学校教育和家庭教育有机结合起来，最终促进学生身心健康？家长会应该在彼此尊重、理解的氛围中召开。教师应体现出儒雅的职业礼仪修养。

一、家长会的目的

1. 与家长沟通，加深双方对学生的了解。

2. 向家长宣传，帮助家长正确地教育子女。

3. 向家长展示，让家长认识老师、理解老师，从而支持老师的工作。

二、家长会的礼仪

1. 提前书面通知家长。家长会的时间要选择多数家长有空的时间，而且要提前一至两周以书面的形式通知家长。避免出现"叫你妈明天来学校"等师霸作风。这是教师礼仪中的大忌。

2. 努力创设和谐氛围，注重情感作用。为使家长会真正发挥其交流、沟通的作用，让家长感觉既隆重又亲切，使之自然而然对校方产生一种心心相印的感情。教师在会前必须做好充分的准备，环境布置得整洁些，备好富于情感的欢迎标语、温馨的鲜花盆景、供家长翻阅的资料、班级标示牌、饮用水等。教师还要备好课，要让家长感觉到您是用精心的准备来迎接他们的，以示教师对会议的重视、对家长的尊重。

3. 与家长平等交流，友好协商。大多数教师，好为人师是习惯；大多数家长，无论本人身份、地位、文化高低，顾及孩子的缘故，对教师都会恭敬三分，这使得部分教师忘记了自知之明，在家长会上常以一种居高临下的态度对家长讲话，甚至训话。其结果呢，家长只能迁怒于孩子，开完会回家把孩子怒斥一顿甚至加以拳脚，因为孩子让家长丢了脸。因此，很多孩子怕开家长会，很多家长也怕开家长会，因为每一次家长会都会伤害一批家长的自尊。教师应明确家长与教师的关系，这是一种平等的教育伙伴之间的关系。教师在家长面前要亲切自然、温文尔雅。一切都是协商和讨论，只要教师对家长待以礼，讲以理，任何一位家长都是愿意和老师配合的。

4. 多给家长发言的机会。开家长会，应把家长视为客人。在家长面前，切忌用给学生上课的那种口气讲话。对于个别违纪的学生应单独和家长会面，要商榷帮教措施，避免在大庭广众下点名批评，给家长难堪，造成尴尬局面。只有以诚相待，才能赢得家长的尊重，才能把家长会开成"知无不言，言无不尽"的取长补短会。

5. 重视会后反馈。对家长会反馈的信息要及时分析、认真处理，有关意见的处理结果，尽可能反馈给家长，以增强家长对学校、教师的信任。

教师高尚的礼仪风范、儒雅的举止风度，必定会赢得家长与学生的欢迎，成为沟通学校教育与家庭教育的桥梁。

第二节 ｜ 家访礼仪

教师家访中的举止礼仪：

1. 提前与家长预约，不可勉强家长，那种"告诉你爸，今晚我要上你家"是失礼行为。

2. 守时守约。按约定的时间到达。

3. 衣着整齐。夏天再热也不能在学生家脱衣服；冬天进屋要脱帽和大衣，不要在学生家里说冷，有批评主人环境不好之嫌。尽可能不在学生家使用卫生间，以表示对家长的尊重。

4. 讲究敲门的艺术。到达之后，要用食指敲门，力度适中，间隔有序敲三下，等待回音。如无应声，可再稍加力度，再敲三下，如有应声，再侧身隐立于右门框一侧，待门开时再向前迈半步，与主人相对，招呼后方能入内，不能贸然闯入。

5. 家长不让座不能随便坐下。家长让座之后，要表示感谢，然后采用规范的礼仪坐姿坐下。主人递茶、果，要双手接过并表示谢意。

6. 跟家长谈话，语言要客气。进门可简要说些寒暄性的话语，夸夸主人的房间布置等。无论学生家境贫富，教师要表现得不卑不亢，平和自然。

7. 家访时间不宜过长，达到预期目的即应告辞。起身告辞时，要向家长表示"打扰"之歉意。出门后，回身主动伸手与主人握别，说"留步"。待主人留步后，走几步，再回首挥手致意"再见"。

8. 家访时如遇有新客来访，家长做介绍时，应起立向来客问候。

9. 若是雨天，不可将湿淋淋的雨伞带进室内。

10. 若因事不能准时赴约，一定要设法告知家长，以免家长久候。

11. 家访时，以真诚为贵，不可借家访解决私事，或收受"礼物"。

12. 家长未请您参观，不要在学生家里东转西瞧，但可以要求看看学生的房间，以示关心，并对学生做些了解。

13. 对学生多表扬少批评。交谈时学生最好在场，如果需要单独与父母交流，可以预先告诉父母，预设学生不在的环境，不能强行让学生回到自己房中去回避，那是对学生的不尊重。

14. 给学生家长发一封民意测验书，听听他们对家长会和教师家访的意见及感受，要用无记名的方式。

温馨提示

成功交谈技巧

一忌居高临下。　　二忌自我炫耀。
三忌口若悬河。　　四忌心不在焉。
五忌随意插嘴。　　六忌节外生枝。
七忌搔首弄姿。　　八忌挖苦嘲弄。
九忌言不由衷。　　十忌故弄玄虚。
十一忌冷暖不均。　十二忌短话长谈。

第三节 | 与家长日常沟通礼仪

教师通过多种方式与家长保持经常性的联系与沟通，尤其是个别沟通，它可以及时地互通信息，使家长和教师得知近日学生在学校、在家的情况。教师和家长沟通是最重要、最有效的教育方式之一。

一、教师与家长沟通的技巧

1. 主动微笑问候
2. 表情诚恳
3. 引导了解
4. 用字遣词优雅
5. 态度和蔼
6. 仪态端庄——包括肢体语言及语言表达
7. 以家长为尊

图 13：与家长交谈的场面

二、教师与家长沟通的礼仪规范

1. 热情接待来校的学生家长。包括约定时间邀请家长来校或家长自动到校访问。
2. 尊重家长。家长来访，教师要立即起身，邀请客人进屋，热情让座，然后问明来意。千万不能将家长堵在门外问话，不应有丝毫冷淡和斥责。
3. 随时电话联系，协助家长建立正确的教育观念。
4. 学校定期寄发学生各项成绩单。

5. 利用学生传达消息给家长，也可藉学生向学校表达家长的教育期望。

6. 尊重家长的意见，切勿对家长说："您错了。"

7. 如果是你错了，立即承认。

8. 以友善的态度开始。与家长交谈不应有高压手段，不应有强迫的企图。

9. 谈话声音和距离的控制。在和家长进行电话沟通，或者是面对面沟通的时候，你的音量尽量要适当控制，两个人都能够听到就可以了，避免打扰他人工作。

10. 认真倾听家长的叙述。家长都是有事而来，因此要尽量让家长把话说完，并认真倾听。

11. 教师要与家长默契配合，经常互通信息。

12. 营造宽松的氛围。教师要注意营造轻松的气氛，比如：先倒一杯咖啡，说一些学生在班上有趣的事。在交谈时也要自然一些，显得亲切。开始时可先问一句："××近来在家怎么样?"这样的问题家长好回答，从而能自然地进入交谈。

13. 避免使用专用术语。采用日常使用的普通语言与家长交谈。在介绍学生发展情况时，不要说得过于笼统，要具体一些。

14. 要以平等的身份与家长交谈。教师切勿以专家自居，采取居高临下的态度教训家长，不要发号施令似的说"必须"、"应该"怎样，更不能责怪家长，要尊重家长，多倾听家长的话。教师提出共同促进学生发展的措施时，宜采用商量的口吻，征求家长的意见。

15. 谈学生缺点时要注意方式。对孩子的评价一定要客观、全面，既要肯定优点与进步，也要真诚地提出不足之处。在谈孩子的缺点时，要根据情况，区别对待。如果与家长很熟悉，可以说得直率一些。有些家长自尊心强，把谈孩子的缺点视为对自己的批评，感到有压力。所以，教师特别要注意方式，不要用"迟钝"、"懒散"等字眼来形容学生，以免家长听了不舒服。

16. 交谈时不要谈及别的学生。与家长不要谈论别的学生，也不要随意与别的学生进行比较，说长道短。因为这样做会使家长产生疑问，不知老师在别人面前怎样说自己的孩子。

17. 交谈完，要肯定沟通收获。教师要表示沟通对双方都有益，强调对自己的工作有帮助，有利于今后的教育工作。同时，对家长来校沟通表示谢意，欢迎家长以后继续支持学校的工作，自己愿意竭诚与家长密切合作，共同促进学生的发展。

知识窗

沟通二十四计

妥善安排会面的约定
沟通时应避免干扰
资料须充实完备
做个周到的主人
清楚地说出自己的想法与
　　决定
找出问题症结
适时提出建议
听不懂对方所说的话时，务
必请他重复
不要仓促地做决定
不浪费沟通对手的时间
以肯定的语气谈论对方的
　　问题

委婉地透露坏消息
保留沟通对方的面子
拒绝在不适当的场所进行
　　沟通
向对方表示善意与欢迎
遵守礼仪
缓和紧张的气氛
询问对方的意见
要有解决问题的诚意
随时确认重要的细节
不要催促对方下决定
充满信心地进行沟通
强调沟通双方相同的处境
避免马拉松式沟通

自我评价

自我测试题	是"√"	否"×"
1. 家长会的目的：帮助家长正确地教育子女。	☐	☐

续前表

自我测试题	是 "√"	否 "×"
2. 家长会的时间要选择多数家长有空的时间，而且要提前一至两周以书面的形式通知家长。	☐	☐
3. 教师家访需提前与家长预约，做到守时守约。	☐	☐
4. 与家长谈话，无论学生家境贫富，教师要表现得不卑不亢，平和自然。	☐	☐
5. 教师与家长沟通时，应尊重家长的意见，切勿对家长说："您错了。"	☐	☐
6. 与家长不要谈论别的学生，也不要随意与别的学生进行比较，说长道短。	☐	☐

第六章　同事共处礼仪

同事是与自己一起工作的人，与同事相处得如何，直接关系到自己的工作、事业的进步与发展。如果同事之间关系融洽、和谐，人们就会感到心情愉快，有利于工作的顺利进行，从而促进事业的发展；反之，同事关系紧张，相互拆台，经常发生摩擦，就会影响正常的工作和生活，阻碍事业的正常发展。

第一节 ｜ 同事共处的礼仪原则

很多人抱怨同事关系处理起来非常棘手，其实，只要胸怀坦荡，有礼有节，办公室里的人际关系一样可以处理得游刃有余。

处理好同事关系，在礼仪方面应注意以下几点：

一、尊重为先，亲密有度

礼仪的核心就是尊重。相互尊重是处理好任何一种人际关系的基础，同事关系更需要尊重。"敬人者，人恒敬之；爱人者，人恒爱之"，尊重是相互的，但是从我们每个人来讲，必先主动施与，才能有所回报。同事关系以共同工作为基础，不同于亲人间的关系。亲人间小摩擦甚至大争吵并不一定会影响亲情，有时反而更有利于相互之间的磨合；而同事关系的任何破裂都很难弥补，破镜难再圆，即便是重新黏合了，也还是有裂痕。这就更凸显了同事间良好人际关系的重要性。

尊重对建立和谐的同事关系尤为重要。首先，尊重要讲究信誉。在任何一个单位，信誉都应被视为其立身之本。与合作伙伴打交道时，尤其应当注意这一点。具体来说，一方面平日讲话要算数，不要滥开空头支票，自毁信誉。另一方面，对于双方已有的合同、协议，一定要认真遵守，"照章办事"，绝对不准以任何借口，去做毁约、违约之事。

这种尊重还包括礼节性的问候、虚心听取别人对工作的观点、取人之长补己之短。还有一个特别重要的就是要充分尊重别人的隐私。在办公室里，提倡交往有度，不冷淡，也不过分热情。除非他人主动提及私人事宜，否则一定要把握尺度，不问不该问的问题。如果过分关心别人的私事，会被认为很没有修养、个人素质不高。

二、将心比心，利益共享

任何单位之间想要进行卓有成效的合作，都必须使之具有坚实的物质基础，要使合作的各方都能够看到利益，并真正获得利益。不然的话，合作便难于取得成功。与合作伙伴相交，不仅要提倡患难与共，而且也要讲有福同享，彼此双赢。

三、遵守"白金法则"

美国最有影响的演说人和最受欢迎的商业广播讲座撰稿人托尼·亚历山德拉博士与人力资源顾问、训导专家迈克尔·奥康纳博士在他们合作的《白金法则》中，向人们展示了一项最新的研究成果："白金法则——别人希望你怎么对待他们，你就怎么对待他们。"

柯维指出"你希望别人怎么待你，你就怎么待别人"是一条"黄金定律"。"白金法则"是在本着尊重"黄金定律"的一条"黄金定律"。"白金法则"是在本着尊重"黄金定律"的主旨的原则下，对这一古老的信条进行修正。对于21世纪的管理者来说，要使自己与组织立于不败之地，或有助于改善人际关系，其关键和诀窍就在于遵循"白金法则"："别人希望你怎么对待他们，你就怎么对待他们"。

简单地说，就是不要以自我为核心，要学会真正了解别人，然后以他们认为最好的方式来对待他们，而不是我们中意的方式。这一点意味着要善于花些时间去观察和分析我们身边的人，然后调整我们自己的行为，以便让他们觉得更称心和自在。它还意味着要运用我们的知识和才能去使别人过得轻松、舒畅，这才是"黄金定律"的精髓所在。

四、分享快乐，不要招摇

每个人的能力不同，追求不同，家庭背景不同，配偶收入不同，生活负担不同，生活经历不同，每人都有一本难念的经，无论我取得什么样的成绩，有了什么得意高兴的事情，可以与同事分享快乐，但是不要有意无意地显露出优越感。例如：自己被派去出国学习，自己买了外国名牌服装，家里买了名牌汽车，假期与爱人去美国夏威夷度假等等，无形之中给同事增加压力。如果自己外出后给同事带一点小小的礼物，礼轻情意重，证明你心里没忘了同事们，这样大家的心情会好一些。

五、批评有益，注意方法

同事间开展批评与自我批评是必要的，诤友也是人生的财富，但是要注意方法，不要锋芒毕露，批评不要忘记尊重，不要忘记"黄金定律"、"白金法则"。同级之间任何横加指责的行为都会被认为是无礼的举动。在开会的时候，如果有和他人不同的意见，也不能全盘否定别人的看法，首先应表示对他人智慧成果的尊重，然后表明自己的看法，最后说明自己的看法只是一家之言，希望得到大家的批评指正。

平时，对于别人明显的失误，作为同事，可以善意地提醒，但是绝对要避免当面指责，尤其是当领导和其他同事在场的时候，即使批评是善意的，也会引起对方的不满甚至嫉恨。最好的办法是在下面单独交流，照顾对方的面子，反而事半功倍。否则，就可能费力不讨好。某种程度上把自己置于危机之中。

六、择善而从，多赞美，少嫉妒

"三人行，必有我师"，要善于向同事学习。不以自己的喜恶标准评价同事。对于不合自己标准的事物，不要表现出反感。"择其善者而从之，其不善者而改之"，多从他人身上寻找优点，吸收学习；对于他人的缺点多宽容、理解；同事取得成绩，要由衷地赞美祝贺而不是嫉妒排斥。多寻找自己和同事间共同的兴趣爱好，在互相学习中共同提高。

七、化解误会，求同存异

由于不同的个体间工作习惯、世界观、价值观存在差异，同事之间相处久了，难免会有一些细小的分歧，细微的误会。不要总是抓住别人的失误不放，如果对方不好意思首先开口和解，我们自己要争取主动，严以律己，宽以待人，从自己做起，因为矛盾拖得越久越不容易和解。"度尽劫波兄弟在，相逢一笑泯恩仇"，不要让一些小情绪影响了彼此的心情和工作的效率，遵循"求同存异"的原则，一切以大局为重，以工作为惟一中心，不计较一些小利益的得失，各退一步，海阔天空，力求殊途同归，圆满完成工作。

八、热情开朗，做个"开心果"

随着生活节奏的加快，人们的工作压力也越来越大。在单调乏味的工作过程中，诙谐幽默的语言能消除紧张和疲惫，创造轻松融洽的氛围。办公室生活是一种典型的群居生活，过于矜持、孤僻、自闭的人是不会受到群体欢迎的。相反，幽默开朗的人容易得到大家的信任和好感，他们的生活态度会感染着身边每一个人，使整个群体充满了蓬勃向上的朝气。所以在办公室生活里，我们一定要做一个富有幽默感、积极乐观的人，做个集体中的"开心果"。

九、互助是美德，兄弟明算账

同事有了困难大家相互帮助是一种美德，我们都愿意与开朗大方的人交朋友，但是同事之间我们提倡亲兄弟明算账。同事之间发生借贷之类的经济往来，即使是小额借贷，借款方也最好主动开具借条，以免遗忘，而且在条件允许的情况下，应尽快还清款项，以增强别人对自己的信任，避免误会的产生。如果不能及时还钱，应向对方说明情况，并明确表示自己没有忘记归还。俗语说"有借有还，再借不难"。

同事之间的聚餐若无特别情况，一般采取 AA 制，这样既不会产生经济上的负担，心理上也不会有太大压力。

第二节 | 上级对下级的礼仪

作为上级，在处理与部下之间的相互关系时，要讲究科学，也要讲究艺术。在礼仪方面做到：

一、尊重下级

上级与下级，管理与被管理本身就是一对矛盾，由于职务不同、地位不同、考虑问题的角度不同，上级与下级关系是最容易发生矛盾的关系。因此，作为领导者要清楚，领导在职务上高于部下，仅仅是分工的不同。在人格尊严上，上下级之间依然是完全平等的。尊重下级，是一种美德。对于这一点，领导者在任何时候都不应当忘记。在工作之中，与下属保持适当的距离是必要的；对于部下进行必要的批评、监督，也是管理的职责所在。但是，不论在任何情况下，都不要忘记对部下以礼相待，"管人先管心"，尤其是要尊重部下的人格，要能学会站在下级的角度考虑问题。然后，对症下药，用管理科学、管理艺术，加上人格魅力，来进行管理。

二、善用权威

一艘舰船上只能有一位船长，任何一位称职的领导者都必须令行禁止，拥有绝对的权威。但是要善用权威，不要官大压死人，尤其是在知识分子成堆的地方。聪明的领导要学会分权、授权，调动下级的积极性。要在尊重的前提下，树立权威，立足双赢，而不能仅凭对待部下的冷、硬、卡、压，或是欺上压下地"发威"。

三、以身作则

榜样的力量是无穷的，群众的眼睛是雪亮的。要在下属面前树立权威，塑造领导者的良好形象，以身作则是重中之重。不要把群众当群盲。不要说一套，做一套，背后还"下套"。在任何一个单位，只有领导者恪尽职守，廉洁奉公，在工作之中身先士卒，言出必行，言行一致，在部下面前才会受到拥戴，才能拥有真正的权威。

四、秉公办事

领导要带领大家前进，形成团队凝聚力，就必须秉公办事，无论是立规矩、出主意、用干部，都要注意尽可能地做到"公平"、"公正"、"公开"，不能以权谋私，假公济私，以我画线，搞"一言堂"，亲疏有别，"顺我则昌，逆我则亡"。惟其如此，才会赢得部下的信赖与拥戴，才会有力量。

五、怀有爱心

在学校里，口碑最好的领导者，往往都是懂得关心爱护下属的人。关怀部下作用很大，可以使其轻装上阵；可以调动其积极性；可以与其进行情感沟通，融洽关系。所以，毛泽东同志特别告诫各级领导必须"关心群众生活，注意工作方法"。领导者对部下的关心，应当重在行动，并且应当将重点放在支持部下、保护部下、体贴部下、帮助部下发展等几个方面。

第三节 | 下级对上级的礼仪

处理上下级关系是每位教师必须面对的，中国的知识分子没有人愿意"为五斗米折腰"，但是从一个团队来讲，必须要有一定的权威，"尊重上级是一种天职"。教师在工作岗位上，按分工必须服从领导，如果我们都是"天下第一的才子"，都是"天子呼来不上船"，那么，这艘船就永远也无法到达胜利的彼岸。因此，作为下级也应当学会做下级的礼仪，处理好上下级关系。

一、尊重领导

首先，心里、眼里要有领导。领导最怕的是下级目无领导，所以，尊重领导是对下级在处理上下级关系时所提出的基本要求。尊重上级，是一种天职。不论自己在日常生活里与上级关系如何，在工作岗位上都必须公事公办。尊重领导体现在对领导的意志要尊重，命令要服从，相处之时讲究礼貌。不要在背后议论对方，或者是当面跟其乱开玩笑。尤其在工作之中，表现得跟领导"不分彼此"、当"哥们儿"是不合适的。

二、服从管理

领导是管理者，承担着管理的职责，不服从管理，不仅是跟领导过不去，同时，也是跟自己过不去。毛泽东同志在总结革命战争的经验时，有一条重要的结论，叫作"加强纪律性，革命无不胜"。其实，将它应用到学校工作实践中来，同样行得通。就工作纪律而言，下级服从上级，听从指挥，加强执行力是天经地义的事情。而在实际工作中，必须谨记：经验告诉我们，在工作之中，"上级永远是正确的"；上级的决策，永远不允许非议。

但是，领导也是人，也会犯错误，领导犯了错误，要体谅领导。另外，领导的"错误"，可能仅仅是你认为有"错误"，事实并非如此，大家也可能认为不是错误。所以，对于工作中的不同意见，应以适当的方式向上反映，或加以保留，但是不应当将其作为拒绝服从领导的一个借口。

如果领导的错误涉及到道德、纪律、法律问题，可以采取合法措施，也可以选择离开。

三、支持领导

"一个篱笆三个桩，一个好汉三个帮"，任何领导都需要有人支持。身为下属，应当尊重领导，支持领导，这也是为了更好地开展工作。恪尽职守，把本职工作做好了，认真地完成了领导交代的任务，组织才能正常运行，自身利益也才能得到保证。

遇到来自非直属上司的委托时，要先取得自己上司的同意后再做。有时候是些紧急突发事件，有些是简单的工作，希望提供援助，但不管怎么说，总因为是学校里的高层人员所拜托的，也不能够轻易拒绝，遇到这种情况时，为了避免事后发生问题，最好向直属上司打声招呼后再去做。如果一时找不到直属领导，在不影响本单位利益的前提下，执行后及时向直属领导汇报，避免误会。

第四节 | 对手间的礼仪

同事之间的关系，在许多情况下又表现为竞争关系、对手关系。关于同行之间的一般关系，我们在"同事共处的礼仪原则"一节做了介绍。这里主要探讨同事关系领域中对手之间的关系。现在是竞争时代，竞争是不可避免的。同事之间的竞争关系几乎无处不有，无时不在。如果处理不好就将陷入无边的苦海，恶性循环的竞争。要正确处理这种关系必须谨记：

一、将竞争变成竞和

传统竞争是"零和博弈"，即"你死我活"，我们提倡新的竞争观，即"非零和博弈"，是追求"你活我也活"的结果，既竞争又合作，大家共同发展。双方竞争理当取得的最佳比赛结果，应当是"双赢"。也就是说，双方通过竞争各取所需，各有所得，共同发展。指望通过竞争置人于死地，非要使竞争出现"你死我活"的结局，从指导思想上讲是错误的，从实践上讲则是有害的。

我们还应当多想一想与同事相处的长期性，因此，为了自己的利益，也应当考虑长远关系、长远利益，达到长远的共同发展。否则，同事之间天天以"你死我活"的态度相见、明枪暗箭、勾心斗角、处处设防、战战兢兢，校园生活将是非常痛苦的。

二、要合法竞争

严格地讲，所谓竞争，其实也是促进事业发展的一种方式。它本应当是指为了赢得或维护自己的利益，而遵守一定的游戏规则，同自己的对立面进行公平的比赛，以便促进自己，夺得胜利。由此可见，竞争从本质上来讲，本是一种"有法可依"的和平比赛。过程与结果是密不可分的，因此，参加竞争，既要争取尽一切可能战胜对手，又必须老老实实地遵守规则，合乎法律。为了在竞争中战胜对手而无法无天，不择手段，绝对是不可取的。其结果也往往导致两败俱伤。

三、胜不骄，败不馁

胜败乃兵家常事，有竞争就会有胜负，参与竞争的良好心态就应该是"胜不骄，败不馁"、"胜故可喜，败亦欣然"。尊重对手是一种风度，这是一种成熟的心态，是社会化程度高的表现。

胜利的因素是多种多样的，虽然离不开自己的努力，但是，也有其他因素，甚至是决定性的因素，如某次选派出国进修以年龄划线，只有你一人年龄合适，与努力与否关系不大。你的对手年龄不合适，他再努力也没用。同时，一次胜利也不意味着永远的胜利，"三十年河东，三十年河西"，骄兵必败，胜利也可以成为失败之母。胜利后的得意忘形往往会造成对失败者的伤害，甚至是在对手伤口上撒盐，会引起公愤。

作为失败者，应当坚信"失败是成功之母"，参与本身也是收获，也是积累。同时，一次失败不意味着永远的失败，关键是不输人，不输气，要有卧薪尝胆的勇气，要承认失败，总结经验，正视胜利，有信心，"楚虽三户，亡秦必楚"。再者，某些失败不证明你能力不够，有时是许多客观条件所决定的。我们要冷静对待，待势而发。我们要坦然地接受失败，认真地分析原因，忠诚地祝贺胜利者，争取早日超越胜利者。

第五节 | 拜访礼仪

拜访，又称拜会或拜见，俗称"串门儿"。在一般情况下，拜访是指因公或者因私前往他人的工作地点、私人居所或者其他商定的地点探望、会晤对方，或是与对方进行其他方面的接触。

拜访是一种双向的活动。于宾主双方而言，礼仪是交往愉快的保证，所以，在拜会中应该依照礼仪规范行事。

一、拜访的礼节

就做客礼仪而言，其核心在于客随主便，礼待主人。

（一）事先预约

预约在先，是做客礼仪中最为重要的一条。不提倡随意顺访，一般不要做不速之客。事先预约，既体现了个人教养，更是对主人的尊重。如果有紧急情况应当尽量电话告知，实在来不及，见面应先行道歉解释。

1. 约定时间

在一般情况下，应该客随主便，在主人方便时拜访。商讨到访的具体时间时，作为客人，对主人提出的具体时间，应予以优先考虑。如果是客人提出方案时，最好多提供几种方案，供主方选择。通常，不便拜会的时间是：工作极为忙碌的时间，难得一遇的节假日，不宜打扰的凌晨与深夜，以及常规的用餐时间和午休时间，以及主人本人认为不便的其他时间。

在约定拜访时，双方一定要沟通停留的大致时间长短。

2. 约定人数

在公务拜访中，这一点尤其重要。在预约拜会时，宾主双方均应事先向对方通报届时到场的具体人数及其各自的身份。如有用餐，通报少数民族的禁忌也很重要。宾主双方都要竭力避免使自己一方中出现对方所不欢迎甚至极为反感的人物。通常，双方参与拜访的人员一经约定，便不宜随意变动。否则，会令主人应接不暇，手忙脚乱，打乱主人的安排和计划。

3. 做客准备

首先，要准备着装，注意仪表。越是正式的拜访，就越要注意仪表。拜访时的着装应当干净、整洁、高雅、庄重，不宜选择轻佻、随便的服装。要关注着装的某些重要细节。例如，袜子一定要无洞、无味。不然进门后一旦需要换拖鞋，可能就要当众出丑了。

其次，前往拜访可以酌情准备些恰当的礼品。例如拜访亲朋好友的私人居所做客时，可为对方携带一些小礼物，诸如鲜花、特产、水果、书籍、光碟等。

4. 准时赴约

登门进行拜访时，最好准时到达，既不要早到，让对方措手不及；也不要迟到，令对方久等不至。对重要拜会，最礼貌的做法是提前赶到附近，然后，准时登门。

约定拜访时间之后，必须认真遵守，不要轻易更改。万一有特殊原因，需要推迟一会儿，或改期，或取消拜访，应当尽快打电话通知对方。当下次与对方见面时，最好再次表示歉意，并说明一下具体原因。

（二）做客得体

登门拜访做客时，必须认真遵从的礼仪规范如下：

1. 叩门通报

到达后首先敲门或摁门铃。敲门时，宜以食指轻叩两三下即可；摁门铃让铃响两三声足矣。若室内没有反应，过一会儿可再做一次。千万不要用拳头擂门，或把门铃摁个不休。不要在门外高声谈笑，大呼小叫，骚扰四邻。

即使与主人关系再好，也绝对不要不打招呼便推门而入，否则极有可能遭遇让人尴尬的场面。

拜访他人时未被主人相邀入室，则通常表明来得不合时宜。知难而退，是此刻的最佳选择。切勿不邀而入，或是探头探脑地向室内窥视。

2. 相见问候

与主人相见，应当主动向对方问好，并且与对方握手为礼。若是主人夫妇同时起身相迎，则应先问候女主人好。假如同对方初次谋面，要主动做自我介绍。同主人问好的时候，要同时向其身边的人问好，不可怠慢他人。如带小孩做客，要教之以礼貌待人，尊敬地称呼主人家所有的人。如主人家中养有狗和猫，不应有害怕、讨厌的表示，更不应去踢它、赶它。

在进门之初，一般即应向主人奉上自己的礼物。

进门之后，通常应当自动地脱下外套，摘下帽子、墨镜、手套，并且将其暂放于适当之处。如果携带了大一点的手袋，可在就座后将其放在右手下面的地板上。若将其置于桌椅之上，则是不适宜的。

3. 入座得体

在一般情况下，来客要在主人指定之处就座。当主人请坐时，应道声"谢谢"。要注意：切勿抢先落座；不要自行找座；与他人同到时应相互谦让；最好按照礼仪次序入座，至少与他人尤其是主人一起落座。做客的坐姿也要注意文雅。

4. 做客有方

在他人的办公室或私人居所做客期间，要注意：

在拜访做客之时，一般应在略作寒暄后，宾主双方都要尽快地直奔主题。谈话不要"跑题"，不要言不及义，浪费时间。

不询问主人的隐私，未经允，不要到主人卧室等其他房间去，更不要随便乱动、乱拿、乱翻主人个人物品。

主人上茶时，要起身双手接迎，并热情道谢。注意不要把果皮、糖纸、烟蒂乱扔。

对后来的客人应起身相迎；必要时，应主动告辞。

5. 把握时间

如果客人与主人双方对会见时间的长度早有约在先，则客人务必要谨记在心，适时告退。假如双方无约定，通常一次一般性的拜访应以一小时为限。初次拜会不宜长于半个小时。

在拜会之中遇有他人造访，应适当停留，但不要硬找新来的客人攀谈一番。

假如主人留客心诚，执意挽留用餐，则饭后应停留一会儿再走，不要抹嘴便走。通常，客人提出告辞后，主人挽留，也要坚辞而去，牢记"客走主安"。

在出门以后，即应与主人握手作别，并对其表示感谢。从对方的公司或家里出来后，切勿在电梯及走廊中窃窃私语，以免被人误解。

6. 善后

根据国际交往礼仪，在他人单位或家中做客受到款待后，回到家里应发信或明信片表示感谢，最起码也要在事后打电话再次表示感谢。如果没有这种表示，就是没有礼貌的表现。

二、待客的礼节

（一）细心准备

与来访者约定之后，主人即应着手从事必要的准备工作，以便令客人来访时产生宾至如归之感。主要工作有四项：

1. 清洁环境

在客人到来之前，往往需要专门进行一次清洁卫生工作，以便创造良好的待客环境，并借以完善个人的整体形象，同时体现出对来客的重视。

2. 待客用品

通常，需要准备好必要的用品有四类：一是饮料、糖果、水果和点心；二是香烟（如果客人吸烟），相让但并不勉强；三是报刊、图书、玩具，可供客人尤其是随行而来的孩子使用；四是扑克牌等娱乐用品，有时间的话，宾主还可以在一起进行娱乐活动。

3. 膳食住宿

"有朋自远方来"，应为其预先准备好膳食和住宿，并在会面之初便向对方说明，以示待客诚意。如果家中或本单位不具备留宿条件的话，事先应先向对方说明，在附近帮助介绍、推荐。

4. 交通工具

如果力所能及，则最好主动为来客安排或提供交通工具，并应讲究善始善终，管接管送。

（二）迎送礼节

1. 迎接

对于重要的客人和初次来访的客人，主人在必要时要亲自或者派人前去迎候。对远道来访的客人，可恭候于客人抵达本地的机场、港口、车站，或是下榻之处，并要事先告知对方。迎送本地的客人，宜在大门口、楼下、办公室或居所的门外，以及双方事先约定之处。对于常来常往的客人，虽不必事先恭候于室外，当一旦得知对方抵达，即应立即起身，相迎于室外。不要让他人特别是孩子代为迎客。

2. 问候

与来客相见之初，不论彼此熟悉与否，均应真诚欢迎、面含微笑、热情握手、亲切问候。假如客人到来时，自己这里还有家人、同事或其他客人在场，主人有义务为其进行相互介绍。

3. 让座

客人到来之后，主人应尽快将其让入室内，并安排客人就座。若是把客人拦在门口说话，通常等于主人是在向客人暗示其不受欢迎。要注意把"上座"让给来宾就座。所谓"上座"，在待客时通常是指：宾主并排就座时的右座；距离房门较远的位置；宾主对面就座时的面对正门的位置；或是以进门者面向为准，位于其右侧的位置。另外，较高的座位或较为舒适的座位，往往也被视为"上座"看待。另一方面，在就座之时，为了表示对客人的敬意，主人应请客人先行入座。

4. 有序

所谓待客有序，是指在与客人握手、问候以及让座、献茶时，要注意按照惯例"依次而行"。通常讲究女士先于男士，长者先于晚辈，位高者先于位低者。越是正规的场合，越是需要注意这一点。所谓一视同仁，则是要求主人在接待多方、多位来宾时，在态度与行动上均要对其平等相待，切勿厚此薄彼。

5. 送别

客人提出告辞，主人应予以挽留。倘若客人执意要走，主人方可起身送行。对远道而来者，可以送到机场、港口、车站或其下榻之处；对本地的客人，则应送到大门口、楼下，或是客人乘车离去之处。至少，也要将客人送至室外或电梯门口。与客人告别时，要与之握手，并道"再见"。对难以谋面的客人，还应祝愿"多多保重"，并请其代向家人或同事致以问候。一般情况下，当客人离去时，应向其挥手致意。当对方离开之后，主人方可离开。

（三）热情待客

待客时，主人要热情、周到、得体。

1. 热情尊重

接待客人时，一定要做到时时、处处以客人为中心，切勿有意无意地冷落客人。面对客人的时候，切勿爱搭不理、闭目养神、大打哈欠、看书看报、听广播、看电视、忙于处理家务、打起电话没完没了或与家人大肆聊天，甚至抛下客人扬长而去。

2. 选择合适话题

宾主进行交谈时，主人不仅要准确无误地表达和接受信息，而且还要扮演一个称职的"主持人"和最佳的听众。主人需要为宾主之间的交谈引出话题，不使大家无话可说。万一与客人之间的交谈不甚融洽时，主人还需出面转移话题，避免不快。作为听众，主人需要在客人讲话时洗耳恭听，并表现出浓厚的兴趣。无论如何，主人都不宜使宾主之间的交谈冷场，要确立一个观念：表现出来的热情才叫热情。

3. 注意礼宾次序

在待客时，来宾即为主人活动的中心，主人的私人事务一般均应从属于来宾接待这一中心。

可能的话，尽量不要让重要的客人同时到场。万一遇上了这种情况，可以合并在一起进行接待，或是先请他人代为接待一下后来之人，安排好或接待完其他客人再来接待。

对于后到的客人既要妥善接待，又不能抛离目前正在接待的客人。

礼仪顺序表

需要进行礼仪优先照顾的对象我们称为"尊者"，例如：女士、首长等等。他们平时应当走在前面，允许协助穿大衣、引座位等等。另一方，例如男士、下级我们暂且称为"次尊者"（因为使用"尊者"对应的"卑者"不妥），应当对尊者进行关照和实行礼仪避让。例如：

问候礼仪：次尊者先向尊者问好。介绍礼仪也是将次尊者介绍给尊者。

尊者	问候、介绍的顺序	次尊者
女士	⟸	男士
长者	⟸	年幼者

尊者	问候、介绍的顺序	次尊者
职位高	⬅	职位低
身份高	⬅	身份低
客人	⬅	主人
先来者	⬅	后到者
已婚者	⬅	未婚者
教师	⬅	学生
残障人士	⬅	健全者

握手顺序：尊者先伸手

尊者	行为顺序	次尊者
女士	➡	男士
长者	➡	年幼者
职位高	➡	职位低
身份高	➡	身份低
客人	⬅	主人（欢迎客人）
客人(做客告辞时)	➡	主人
先来者	➡	后到者
已婚者	➡	未婚者
教师	➡	学生
残障人士	➡	健全者

尊者	进电梯、小汽车的，先入席，行走，上楼梯的顺序		次尊者
女士	先	后	男士
长者	先	后	年幼者

尊者	进电梯、小汽车的，先入席，行走，上楼梯的顺序		次尊者
职位高	先	后	职位低
身份高	先	后	身份低
客人	先	后	主人
先来者	先	后	后到者
已婚者	先	后	未婚者
教师	先	后	学生
残障人士	先	后	健全者

　　行路尊者在前，走在安全的一侧，遇到危险或者光线昏暗的影剧院时，次尊者应在前边开路、为尊者打伞、提行李、开车门、让座、搬椅子等等。

自我评价

自我测试题	是"√"	否"×"
1. 在与人交往过程中是否知道"白金法则"。	□	□
2. 在与人交往过程中是否会正确运用"黄金法则"。	□	□
3. 在与人交往过程中是否会正确运用批评。	□	□
4. 在与人交往过程中是否总是注意尊重为先，亲密有度。	□	□
5. 在与人交往过程中是否善用赞美。	□	□
6. 工作中是否能够愉快地接受领导，服从管理。	□	□

自我测试题	是 "√"	否 "×"
7. 工作中是否能够主动支持领导的工作。	☐	☐
8. 是否知道什么是"非零和博弈"。	☐	☐
9. 竞争中能够坚持老老实实地遵守规则，合乎法律。	☐	☐
10. 竞争中能否坚持胜不骄，败不馁。	☐	☐
11. 作为领导，能否做到总是尊重下级。	☐	☐
12. 作为领导，能否做到善用权威不随便发威。	☐	☐
13. 作为领导，能否做到以身作则。	☐	☐
14. 作为领导，能否做到秉公办事。	☐	☐
15. 作为领导，能否做到关怀部下，主动为其排忧解难，与其进行情感沟通，融洽关系。	☐	☐

第七章　集会礼仪

　　集会是学校日常工作中不可缺少的重要组成部分。平时举办的各种报告会、表彰会，每周一次的班主任会、行政会等，教师们都要参加。参加这些集会，可以丰富教师的精神世界，加强教师的知识素养，扩大视听范围。学校集会一般在操场或礼堂举行，由于参加者人数众多，又是正规场合，因此要格外注意集会中的礼仪。

　　1. 要善始善终。学校组织各种大型会议、活动或演出，教师要按指定位置准时入座，不能迟到。一人迟到，影响大家，作为个人，应有较强的集体荣誉感。开会后，要服从大会统一要求、统一纪律。在开会期间，不能无故提前离开，不告而退。有的教师会议已开始，才姗姗而来；有的教师随便中途退场，造成会场秩序混乱，这是不允许的。尤其是请外人来作报告，更要自觉维护学校荣誉，尊重报告人劳动，按时入场，善始善终。

　　2. 要保持安静。这是参加集会十分重要的问题。如果有个别人不守纪律，在底下随便议论、讲话，甚至大声喧哗、打闹、随意走动，将严重影响整个会场秩序。作为一个教师，应时刻注意自身的行为修养，自觉保持会场肃静，认真听报告。

　　3. 要文明听会。学校举办各种大型会议，都是经过精心准备的。

尤其是发言人付出了很多的劳动，准备讲稿，我们理应尊重他们的劳动成果，专心听取他人的发言。发言人发言开始和结束时，都应报以热烈的掌声表示欢迎和感谢。对发言者的讲话，要适时做出适当反应，讲到精彩处要热烈鼓掌。如果发言人有误，也不能有任何讥讽之举，如在底下喝倒彩、鼓倒掌、打口哨、起哄、无理取闹等。有的教师在听会过程中，在底下睡觉，看书报杂志，剪指甲，这些做法不合情理，应避免发生。

第一节 | 典礼升旗礼仪

礼仪格言

人无礼则不生，事无礼则不成，国无礼则不宁。

——荀子：《荀子·修身》

升国旗仪式：国旗是一个国家的象征，升降国旗是对青少年爱国主义教育的一种方式。无论中小学还是大学，都要定期举行升国旗的仪式。升旗时，全体学生应列队整齐排列，面向国旗，肃立致敬。学校里的升国旗仪式一般在每周星期一举行（假期及天气不好除外），重大节日时也应举行。举行仪式时，在校师生都应参加。学生一般以班级为单位，列队集合在操场，面向国旗，肃立致敬。教师列队在操场的一侧。

一、升旗礼仪的程序

1. 出旗（旗手持旗，护旗在旗手两侧，齐步走向旗杆，全体师生立正站立）；

2. 升旗（奏国歌，师生行注目礼）；

3. 唱国歌；

4. 国旗下讲话（由校领导、教师、学生或先进人物等作简短有意义的讲话）。

二、升、降国旗的礼仪要求

1. 升旗是一项严肃、庄重的活动，全场一定要保持安静，切忌自由走动、嘻嘻哈哈或东张西望。

2. 每个人的神态要庄严，当五星红旗冉冉升起时，所有在场的人都要立正、脱帽、行注目礼（即抬头注视国旗），并且认认真真、表情庄严肃穆地和大家一起唱国歌，直至升旗完毕。

3. 降旗一般在傍晚静校时举行，不再举行仪式，由旗手和护旗直接将旗降下来，降旗时态度要认真恭敬，将旗仔细卷好，交给负责保管的老师。不可将国旗弄脏、弄皱。

4. 如果在校外遇到升旗和奏国歌时，也应立即肃立行注目礼，待升旗完毕后再继续行走。

三、庆典的礼仪规范

庆典，是各种庆祝礼仪式的统称。在学校活动中，教师参加的庆祝仪式主要是开学典礼、毕业典礼、学校成立周年庆典、学校荣获某项荣誉的庆典等。就形式而论，学校所举行的各类庆祝仪式，都有一个最大的特色，那就是要务实而不务虚。如此则能增强学校全体师生的凝聚力与荣誉感，树立新形象，增强全校师生的自豪感，并且使社会各界对学校重新认识、刮目相看。

庆典的礼仪，即庆典的礼仪规范，由组织庆典的礼仪与参加庆典的礼仪两项基本内容组成。对教师而言，组织庆典与参加庆典时，要遵照多方面的不同要求。

1. 组织庆典的礼仪

（1）精心确定出席庆典的人员名单。庆典的出席者不应当滥竽充数，或是让对方勉为其难。确定庆典出席者名单时，始终应当以庆典的宗旨为指导思想，一般来说，庆典的出席者通常应包括如下人士：

①上级领导。地方党政领导、上级主管部门的领导，大都对学校的发展给予过关心、指导，邀请他们参加，主要是为了表示感激之心。

②社会名流。根据公共关系学中的"名人效应"原理，社会各界的名人对于公众最有吸引力，能够请到他们，将有助于更好地提高学校的知名度。

③大众传媒。在现代社会中，报纸、杂志、电视、广播等大众媒介，被称为仅次于立法、行政、司法三权的社会"第四权力"。邀请他们，并主动与他们合作，将有助于他们公正地介绍学校的成就，进而有助于加深社会对学校的了解和认同。

④合作伙伴。在办学过程中，合作伙伴经常是彼此同呼吸、共命运的。请他们来与自己一起分享成功的喜悦，是完全应该的，而且也是绝对必要的。

⑤社区关系。他们是指那些与学校共居于同一区域、对学校具有种种制约作用的社会实体。例如，本单位周围的居民委员会、街道办事处、医院、学校、幼儿园、养老院、商店以及其他单位等等。请他们参加学校的庆典，会使对方进一步了解学校、尊重学校、支持学校，或是给予学校更多的方便。

⑥全校师生。师生是学校的主人，在组织庆典时，不能将他们"置之度外"。

被邀请人员的具体名单一旦确定，就应提前两周发出邀请或通知。鉴于庆典的出席人员甚多，牵涉面极广，故不到万不得已，均不能将庆典取消、改期或延期。

（2）精心安排好嘉宾的接待工作。对出席庆祝仪式的嘉宾的接待，应突出礼仪性的特点。不但应当热心细致地照顾好全体嘉宾，而且还应当通过主方的接待工作，使嘉宾感受到主人真挚的尊重与敬意，并且想方设法使每位嘉宾都能心情舒畅。接待程序如下：

①迎送嘉宾。即在举行庆祝仪式的现场迎接或送别嘉宾。

②引导嘉宾。即由专人负责为嘉宾带路，将其送到既定的地点。

③陪同嘉宾。对于某些年事已高或非常重要的嘉宾，应安排地位相当的专人陪同始终，以便关心与照顾。

④接待嘉宾。即指派专人为嘉宾送饮料、上点心以及提供其他方面的关照。

凡应邀出席庆典的嘉宾，绝大多数人对本单位都是关心和友好的。因此，当他们光临时，主人没有任何理由不让他们受到热烈而且合乎礼仪的接待。将心比心，在嘉宾的接待上若得过且过、马马虎虎，是会伤嘉宾的自尊心的。

（3）精心布置好举行庆祝仪式的现场。举行庆祝仪式的现场，是庆典活动的中心地点。对它的安排、布置是否恰如其分，往往会直接地关系到庆典留给全体出席者的印象的好坏。依据仪式礼仪的有关规范，布置举行庆典的现场时，需要通盘思考的主要问题有：

①地点的选择。在选择具体地点时，应结合庆典的规模、影响力以及学校的实际情况来决定。学校的操场、礼堂、会议厅，外借的礼堂、剧场等，均可相机予以选择。不过，在室外举行庆典时，切勿因地点选择不慎，从而制造噪声、妨碍交通或治安，顾此而失彼。

②环境的美化。在反对铺张浪费的同时，应着力美化庆典举行现场的环境。为了烘托出热烈、隆重、喜庆的气氛，可在现场张灯结彩、悬挂彩灯、彩带。张贴一些宣传标语，并且张挂标明庆典具体内容的大型横幅。如果有能力，还可以由学校的师生组成的乐队进行表演，但是这类活动应当要适度，不要影响学生的学业。

③场地的大小。庆祝仪式现场的大小应与出席者人数的多少成正比。人多地方小，拥挤不堪，会使人心烦意乱；人少地方大，则会让嘉宾对学校产生"门前冷落车马稀"的感觉。

④音响的准备。在举行庆典之前，务必要把音响准备好。尤其是

供嘉宾们讲话时使用的麦克风和传声设备，在关键时刻，绝不允许临阵"罢工"，让主持人手忙脚乱、大出洋相。在庆典举行前后，播放一些喜庆、欢快的乐曲，对于播放的乐曲，应先期进行审查。切勿由音响师自由选择。

（4）精心拟定好庆典的具体程序。庆典举行的成功与否，与其具体的程序关系密切。

仪式礼仪规定，拟定庆典的程序时，必须坚持两条原则：

第一，时间宜短不宜长。大体上讲，它应以一个小时为极限。这既是为了确保其效果良好，也是为了尊重全体出席者，尤其是为了尊重来宾。

第二，程序宜少不宜多。程序过多，不仅会加长时间，而且还会分散出席者的注意力，并给人以庆典内容过于凌乱之感。总之，不要使庆典成为内容乱七八糟的"马拉松"。

依照常规，庆典应包括以下程序：

①请嘉宾就座，出席者安静，介绍嘉宾。

②宣布庆典正式开始，全体起立，奏国歌，唱校歌。

③校长致辞。其内容是，对来宾表示感谢，介绍此次庆典的缘由等等，其重点应是报捷以及庆典的可"庆"之处。

④邀请嘉宾讲话。大体上讲，出席此次的上级主要领导、协作单位及社区关系单位，均应有代表讲话或致贺词。应提前约定好，避免当场当众推来推去。对外来的贺电、贺信等等，可不必一一宣读，但对其署名单位或个人应该公布。在公布时，可依照其"先来后到"为序，或按照其具体名称的汉字笔画的多少进行排列。

⑤安排文艺演出。这项程序可有可无，如果准备安排，应当慎选内容，注意不要有悖于庆典的主旨。

⑥邀请嘉宾进行参观。如有可能，可安排嘉宾参观学校的教室、办学设施等。

2. 参加庆典的礼仪

参加庆典时，师生均应注意自己临场之际的举止表现。其中，教师的表现尤其为重要。假如，出席人员在庆典中精神风貌不佳，穿着打扮散漫，举止行为失当，很容易对学校的形象进行"反面宣传"。因此，在举行庆祝仪式之前，教师应对学生进行必要的礼仪教育，规定有关的注意事项，并要求大家在临场之时，务必要严格遵守。

（1）仪容整洁。所有出席学校庆典的人员，都要仪容整洁、举止优雅。不允许出现蓬头垢面、浑身臭汗的现象。

（2）服饰规范。全校师生应以校服作为庆典着装。如有需要应在请柬上注明嘉宾的着装要求。总之，庄严隆重的庆典，在服饰方面不能任其自然、自由放任。

（3）遵守时间。遵守时间，是基本的礼仪要求。上到学校校长，下到学生，都不得迟到、无故缺席或中途退场。庆典应准时开始，准时结束。

（4）表情庄重。在举行庆典的整个过程中，都要表情庄重、全神贯注、聚精会神。不允许嬉皮笑脸、嘻嘻哈哈，或是愁眉苦脸、一脸晦气、唉声叹气，这些都会影响学校的形象。

（5）态度友好。这里所指的，主要是对嘉宾态度要友好。遇到了嘉宾，要主动热情地问好。对嘉宾提出的问题，都要立即予以友善的答复。忌围观、指点嘉宾。当嘉宾在庆典上发表贺词时，或是随后进行参观时，要主动鼓掌表示欢迎或感谢。忌吹口哨、鼓倒掌、敲打桌椅、胡乱起哄。不允许打断嘉宾的讲话。

（6）举止文雅。在庆典举行期间切忌到处乱走、乱转。不要与周围的人说"悄悄话"、开玩笑、发短信、看报纸、听音乐、打瞌睡等。

（7）发言简短。若教师有幸在庆典中发言应做到：

①上下场时要镇定自如。

②礼貌发言。发言开始时，应问好。提及感谢对象时，应目视对方。表示感谢时，应鞠躬行礼。讲话结束，应表示感谢。

③规定的时间内结束发言，而且宁短勿长，不要随意发挥，信口开河。

④慎用手势。含义不明的手势，在发言时坚决不用。

第二节 | 表彰会礼仪

表彰会是学校或某组织、团体对其内部人员在某方面的突出成绩进行表彰的会议。

一、表彰会的程序与内容

1. 宣布会议开始：升国旗、奏国歌；
2. 对某项成绩进行回顾和总结；
3. 表彰有突出成绩的人员；
4. 表彰颁奖；
5. 请获奖人员代表讲话；
6. 校领导讲话；
7. 文艺演出或放电影；
8. 宣布会议结束。

二、表彰会的礼仪规则

（1）出席表彰会时应当严格遵守会议纪律。

（2）参加表彰会要规范着装。

（3）严守时间。提前 5 - 10 分钟到达会场，严格、自觉地遵守有关会议时间的具体规定。服从会议组织人员的安排，讲究礼节。

（4）维护秩序。会议举行期间，按要求就座，姿态端正，不要交头接耳，不要擅自离席。当听众鼓掌时，也要微笑鼓掌。

（5）规范发言。会议上有发言任务的教师，仪态要落落大方，掌握好语速、音量。注意观众反应，当会场中人声渐大时，则标志着你该压缩内容，尽快结束了。发言完毕应向全体与会者表示感谢。

（6）专心听讲。教师应认真而专注地听取一切发言。即使对发言人不满，也不可鼓倒掌、喧哗起哄，这些行为极其失礼。

（7）遵守规定。对有关禁止录音、录像、拍照、吸烟以及使用移动电话等会议的具体规定，应认真予以遵守。

（8）保持安静。会场的安静，是会议顺利进行的基本条件。除正常的鼓掌发言外，严禁出现任何噪音。

礼仪格言

君子以仁存心，以礼存心；仁者爱人，有礼者敬人。爱人者人恒爱之，敬人者人恒敬之。

——孟子：《孟子·离娄下》

第三节｜行政会礼仪

一、行政会议礼仪

行政会议是各个单位所召开的工作性、执行性的会议。学校行政会议由学校校长召集并主持，是为保证学校行政领导决策的科学化、规范化、民主化，不断提高工作效率，充分行使学校行政指挥权，加强学校行政管理工作的会议。原则上每星期召开一次，参加行政会议成员为正、副校长及校办、教务、政教、总务等处室正副主任、学校党工团负责人。行政会议成员应保守学校有关秘密，行政会上涉及到的问题，凡需要保密的，任何人不得向外泄露。

1. 会议礼仪规程

（1）与会人员应该穿着工作装。

（2）提早5分钟左右到会场，忌开会时间到了，才不紧不慢地进会场，对会议的正常召开造成影响。

（3）开会期间应认真听讲。认真听讲的姿态不仅表现您的工作态度，也是对发言者的尊重。趴着、倚靠、打哈欠、低头睡觉、接打电话、来回走动以及和邻座交头接耳的行为，是非常不礼貌的。

2. 会议一般原则

（1）控制会议。就是对于会议的经费、时间、地点，要做出明确的规定。

（2）改进会风。会风能够反映出学校领导的工作作风。如果会期过长，讲究排场气势，都是不良风气。

（3）提高效率。可以召开无会场会议，比如运用现代通讯设备：电视、广播、电话、互联网进行开会，可以大幅度节约会议成本。

（4）主题集中。一次会议上不管安排几项会议内容，都要使会议主题明确，这样既方便讨论，又方便执行。

（5）限定时间。对于会议的起止时间、发言时间、讨论时间，事先都要明确规定，并且严格执行。

（6）领导示范。领导示范是会风端正的前提。如：准时参加会议、严格遵守会议礼仪、带头控制发言时间等。

二、校务会礼仪

校务会是学校讨论计划安排，教学成果，评优晋级，任命处分，财务收支，群众关心的焦点、热点问题的会议。

1. 校务会研究内容

（1）学习、贯彻上级文件及指示，制订落实措施；

（2）研究、决定学校工作方针、发展规划、年度计划、年度工作总结、教育教学改革方案、组织机构、年度经费、劳动福利、规章制度、教职工招聘、解聘及奖惩、基建项目、大型购置等事宜；

（3）依照干部管理权限，经校党委会审查，任免中层干部；

（4）研究决定质量体系运行、教学、学生、行政、后勤管理过程中的有关问题；

（5）审定学校其他重大问题。

2. 校务会的礼仪规程

（1）发言时不可长篇大论，滔滔不绝。

（2）不可从头到尾沉默到底。

（3）不可取用不正确的资料。

（4）不要尽谈些期待性的预测。

（5）不可做人身攻击。

（6）不可打断他人的发言。

（7）不可不懂装懂，胡言乱语。

（8）不要谈到抽象论或观念论。

（9）不可对发言者吹毛求疵。

（10）不要中途离席。

附：参会常识

准时到会，不迟到，不早退。遵守会议各项准则和要求，尽力参与，把会议开得圆满、成功。

服饰得体，注意仪表仪容仪态，举止大方自然，待人彬彬有礼。

虚心听取别人发言，不随便打断别人的谈话，万不得已要插话，应使用礼貌用语。

自己讲话应顾及全体在场人员，力求突出重点，简洁明快，不能乱发议论，扯些无关紧要的东西，耽误别人的时间。

营造民主、自由、平等的会风，以协调、讨论、沟通为要旨，切忌死气沉沉，以势压人和争吵斗殴；切忌三五成群，搞小动作或拉山头、搞宗派；切忌离开会议主题去从事其他私人性的事情。

三、班主任会礼仪

班主任是学校发展必不可少的一支队伍。班主任工作是一门艺术，班主任工作做得如何会直接影响学校的发展，因此学校应对班主任队伍建设常抓不懈。特别是班主任工作经验交流会，对开阔班主任的工作思路，提高工作能力，进一步做好学生的思想政治教育及日常管理工作起到至关重要的作用。

班主任会应在轻松自如的环境中，或在希望人们能畅怀交谈的环境中召开，对穿着和举止的要求相对较少，而更多地要有个人的风格和对别人意见无私的考虑。在这种场合，您的表现必须坦率开朗、受人欢迎。

1. 班主任教师在会上应畅所欲言，互励互勉。

2. 班主任教师在会上，尽可能提炼经验教训，以提高自己分析问题和解决问题的能力。

3. 不要穿看上去夸张的服装和令人分心的装束，如围着一条长披肩，或经常需要用手梳弄你总是垂到脸上的头发等，这样会分散听众们的注意力。

4. 保持正确的坐姿。

5. 认真倾听每位发言者的讲话。

6. 认真记录，以增强别人阐述意见的勇气。

7. 善于提出自己的观点。

第四节 | 研讨活动礼仪

一、教研活动礼仪

1. 教研组长负责制定活动计划，安排活动内容，召集并主持活动，做好活动考勤记录，并及时向教务处汇报活动情况。

2. 每周集中活动一次，教研组集中活动的内容和形式不做统一要求，但必须与学科教学工作有密切关联，对本学科教学工作有积极的促进作用。

3. 本组的教师必须参加研讨活动，并做好活动记录。

温馨提示

礼仪无须花费一文而赢得一切，赢得陌生人的友善，赢得朋友的关心，赢得同事的尊重。

4. 发言时的手势、身体姿势、声音，要优雅得体。不要摆出双手紧握或双臂交叉胸前的防卫姿势。

5. 不要摆出说教式的发言动作，这样可以使自己得到听众的信任；不要指指点点、交叉握双手、手指撑出一个高塔形状的动作，这些动作是骄傲自大的表现。

6. 发言时要面带微笑。无论你讲的主题多么严肃，偶尔的微笑，能帮助您赢得更多的支持。

7. 善于用眼睛不时有意地环视会场上的每个人，不要鄙视那些诋毁者的眼光。

8. 使用一种低沉而有节奏的语调，这样可以使您的声音更具有说服力。

二、研讨会礼仪

研讨会是特定的机构、机关或其他组织针对特定问题，用科学的方法互相沟通交流，共同探求事物本质规律的一种会议形式。

案例：

　　赵老师所在的学校应邀参加一个研讨会，该次研讨会邀请了很多教育界知名人士以及新闻界人士参加。校长特别安排赵老师和他一道去参加研讨会，想让赵老师见识见识大场面。没想到赵老师早上竟然睡过了头，等他赶到，会议已经进行了 20 分钟。他急急忙忙推开了会议室的门，"吱"的一声脆响，他一下子成了会场上的焦点。刚坐下不到五分钟，肃静的会场上又响起了进行曲，是谁在播放音乐？原来是赵老师的手机响了！这下子，赵老师可成了全会场的明星。没过多久，听说赵老师已经另谋高就了。

　　不管是参加自己单位还是其他单位的会议，都必须遵守会议礼仪。因为在这种高度聚焦的场合，稍有不慎，便会严重有损自己和单位的形象。

　　1. 研讨会的礼仪性准备。安排或准备研讨会时，应当注重自己的仪表，布置好研讨的场所、安排好研讨的座次，并且以此来显示对于研讨的郑重其事和对于研讨对象的尊重。

　　2. 研讨会的座次安排。恰如其分地运用礼仪，可以赢得信赖，获得理解、尊重。在研讨会上，不仅应当布置好研讨场所的环境，预备好相关的用品，而且应当重视礼仪性的座次安排。举行研讨会时，为了避免失礼，一般要以圆桌或椭圆桌为研讨桌来举行。这样可以活跃气氛，淡化尊卑。

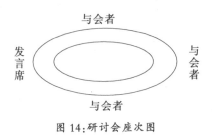

图 14：研讨会座次图

3. 研讨者在研讨会的整个进程中，时时、处处、事事表现得真诚、谦虚。

4. 研讨会参加者应衣着整洁，仪表大方。

5. 准时入场，进出有序，依会议安排落座；开会时应认真听讲，不要私下小声说话或交头接耳；发言人发言结束时，应鼓掌致意；中途退场应轻手轻脚，不影响他人。

6. 如果长时间离开或提前退场，应与会议组织者打招呼，说明理由，征得同意后再离开。

7. 在讨论过程中，不要保持沉默，这会让人感到你的冷漠。

8. 开会时要尊重会议主持人和发言人。当别人讲话时，应认真倾听，可以准备纸笔记录下与自己工作相关的内容或要求。

9. 想要发言时应先在心里有个准备，用手或目光向主持人示意或直接提出要求。发言应简明、清楚、有条理，实事求是。

10. 会议上有发言任务的人，仪态要落落大方，掌握好语速、音量。注意观众反应，当会场中人声渐大时，则标志着您该压缩内容，尽快结束了。发言完毕应向全体与会者表示感谢。

11. 发言时应口齿清晰，讲究逻辑，简明扼要。如果是书面发言，要时常抬头扫视一下会场，不能低头读稿、旁若无人。发言完毕，应对听众的倾听表示谢意。

12. 自由发言则较随意，应要注意，发言应讲究顺序和秩序，不能争抢发言；发言应简短，观点应明确；与他人有分歧，应以理服人，态度平和，听从主持人的指挥，不能只顾自己。

13. 如果有会议参加者对发言人提问，应礼貌作答，对不能回答的问题，应机智而礼貌地说明理由，对提问人的批评和意见应认真听取，即使提问者的批评是错误的，也不应失态。

14. 当你正在出席会议时，接收手机电话肯定是会让他人反感的，同时你也不想让你的谈话被人听到。如果真碰到了什么急事，你最好是能及时挂断电话，调成振动避免铃声再次响起，然后安静迅速地离开会场回复电话。

15. 一般来说，不少人反对在会议中使用移动电话。在会议中和别人洽谈的时候，最好的方式是把手机关掉，或者调到振动状态。这样既显示出对别人的尊重，又不会打断正在发言者的思路。

16. 当他人发言时，不允许心不在焉，更不得公然忙于他事。

17. 当自己听取他人发言时，除适当地进行笔记外，应注视对方，并在必要时以点头、微笑或掌声表达对对方的支持之意。

18. 在仪表上，要有严格的要求。如男士不准蓬头垢面，不准留胡子或留大鬓角。女士应选择端庄、素雅的发型，化淡妆。摩登或超前的发型、染彩色头发、化艳妆或使用香气浓烈的化妆品，都不可以。

19. 应该穿着正统、简约、高雅、规范的最正式的礼仪服装。男士应穿深色正装西服和白衬衫、打素色或条纹式领带、配深色袜子和黑色系带皮鞋。女士要穿深色西装套裙和白衬衫，配肉色长统或连裤式丝袜和黑色高跟、半高跟皮鞋。

自我评价

自我测试题	是 "√"	否 "×"
1. 在开会期间，不能无故提前离开，不告而退。	☐	☐
2. 对发言者的讲话，要适时做出适当反应，讲到精彩处要热烈鼓掌。	☐	☐
3. 如果在校外遇到升旗和奏国歌时，也应立即肃立行注目礼，待升旗完毕后再继续行走。	☐	☐
4. 遵守时间，是集会的基本的礼仪要求。	☐	☐
5. 对有关禁止录音、录像、拍照、吸烟以及使用移动电话等会议的具体规定，应认真予以遵守。	☐	☐

续前表

自我测试题	是"√"	否"×"
6. 参加研讨会可以从头到尾沉默不语。	☐	☐
7. 会上与他人观点有分歧,应以理服人,态度平和,听从主持人的指挥。	☐	☐
8. 您同意:礼仪无须花费一文而赢得一切,赢得陌生人的友善,赢得朋友的关心,赢得同事的尊重的观点吗?	☐	☐

第八章 社会交往礼仪

"知识使人变得文雅，而交际能力使人变得完善"。所谓社会交往（Social Intercourse），就是人的社会存在方式，是指在一定的历史条件下，人与人之间互相往来，进行物质、精神交流的社会活动。与物质生产、精神生产和人自身的生产相适应，社会交往可以划分为物质交往、精神交往和两性交往。物质交往是精神交往的基础，决定着精神交往和两性交往。社交礼仪是指人们从事交往、交际活动的行为标准和规范。社交礼仪是社会礼仪体系中的一个重要组成部分，也是教师礼仪的重要组成部分，其实质是人们相互间信息的传递、情感交流、思想沟通及相互间施加影响等心理联系过程。

第一节 ｜ 见面礼节

学校要面向社会，在各类交际活动中要遵守社交礼仪规范，见面时要施见面礼，表现出敬重和友好的心意。见面礼节是人们进入交际状态实施的第一个礼节，是情感交流的开始，关系到第一印象，是涉及到交际活动能否成功的起点。由于不同国家和地区的习惯不同，所以见面礼节的要求也有不同。通常的见面礼节包括称呼、握手、鞠躬、举手注目礼、拥抱、接吻、致意、名片使用礼仪等等。

一、称呼礼仪

称呼，指的是人们在日常交往应酬之中，所采用的彼此之间的称谓语。称呼的运用标志着人际关系的实质。教师正确、适当地使用称呼，反映着教师自身的教养和对对方的评价。称呼，反映对人的情感和尊敬的程度，甚至还体现着双方关系发展所达到的程度、亲疏恩怨的概貌和社会的风尚，因此对它不能疏忽大意，随便乱用。

当然，随着社会的发展，人们观念的变化，招呼、问候的语言愈发丰富，但其中最重要的不是说什么，而是主动的态度。根据社交礼仪的规范，选择正确、适当的称呼，应当注意：

（一）称呼的原则

1. 与场合相符。选择招呼的方式、语言，要考虑环境、场合因素，在工作、社交乃至国际交往中就该选用较正式的招呼方式和语言。而在生活场合、关系密切的人之间，可以运用轻松、随意的招呼方式和语言。应对生活中的称呼、工作中的称呼、外交中的称呼、称呼的禁忌等细心掌握，认真区别。

2. 与双方身份关系相符。通常问候之后，人们会很自然地行见面礼，以示友好，这时要注意依照身份来选择是否施礼或施行哪一种礼节。如办公室的一个普通教师遇到外来宾客，则应主动招呼，称呼要合乎常规；而面对本校领导的来到，一般不需要放下手中的工作，热情趋前行礼。

（二）日常生活中的称呼

在日常生活中，称呼应当亲切、自然、准确、合理。

在现实生活中，对一面之交、关系普通的交往对象，对普通人的称呼，可酌情采取下列方法称呼。

1. 尊称。现代汉语常用的有："你"、"您"、"某老"。通常，我们对长辈、平辈，可称其为"您"。以"您"称呼他人，是为了表示自己的恭敬之意。对待晚辈，则可称为"你"。

"某老"专指德高望重的老人，有三种用法：一是您+老，如"您老近来如何"；二是姓+老，如"冯老"、"李老"；三是双音名字中的头一两个字+老，如"雁老"（对著名作家沈雁冰先生的尊称），"赵朴老"（对前佛教协会会长赵朴初先生的尊称）。

2. 以"同志"相称。此种最为通用，尤其是在比较传统的地区、人群之中，或者不知如何称呼时。这种略显保守的称呼反而比较保险。

3. 以"先生"、"女士"、"小姐"、"夫人"、"太太"相称。"小姐"与"女士"二者的区别在于，未婚者称"小姐"，已婚者或不明确其婚否者则称"女士"。在公司、银行、外企、宾馆、商店、餐馆、歌厅、酒吧以及交通行业，此种称呼极其通行。

4. 以其职务、职称相称。例如：汪所长、夏教授。

5. 姓名、或姓名加辈分：如：李华强伯伯、张叔叔、明霞阿姨。

入乡随俗，采用对方所能理解并接受的称呼相称。

（三）工作中的称呼

在工作岗位上，人们彼此之间的称呼是有其特殊性的。总的要求是要庄重、正式、规范。

1. 职务性称呼

在工作中，以交往对象的职务相称，以示身份有别和尊重。以职务相称，具体来说又分为三种情况：

（1）仅称职务。例如："校长"、"处长"、"主任"、"馆长"等等。

（2）在职务之前加上姓氏。例如："李校长"、"章院长""刘处长"等等。

（3）在职务之前加上姓名，这仅适用极其正式的场合。例如："×××校长"、"×××书记"等等。

2. 职称性称呼

对于具有技术职称者，尤其是具有高级、中级职称者，可以在工作中直接以其职称相称。以职称相称，也有下列三种情况较为常见：

（1）仅称职称。即直接以被称呼者的职业作为称呼。例如："教授"、"律师"等等。还可以按照当地习惯称呼，将教师称为"老师"、将警察称为"警官"、将医生称为"大夫"等等。

（2）职称前加上姓氏。例如："冯教授"、"赵编审"等等。现在，社会上已经将某些称呼加以约定俗成地简化，例如，通常可将"王工程师"简称为"王工"，这是约定俗成的叫法。但是，目前学校内不提倡对其他称呼简化，那样显得不庄重。例如：对伊院长叫"伊院"，对吴处长叫"吴处"，对范馆长叫"范馆"等等。使用简称应以不发生误会、歧义为限。

（3）职称前加上姓名。它适用于十分正式的场合。例如："袁丁教授"、"郑义律师"等等。

3. 学衔性称呼

在工作中，以学衔作为称呼，可增加被称呼者的权威性，有助于增强现场的学术气氛。

称呼学衔，有三种情况最常用。它们分别是：

（1）仅称学衔。例如："博士"。

（2）在学衔前加上姓氏。例如："杨博士"。

（3）在学衔前加上姓名。例如："高晓明博士"。

4. 织织生活中的称呼

在党、团组织生活中，通常称呼同志。它具体又分为两种情况：

（1）姓名加上同志。一般在正式组织生活中、组织发展会等严肃场合，通常采用姓名加同志的称呼。例如："司马宏同志"、"东方剑同志"。

（2）名字加上同志。通常在组织生活会上，在学习研讨会议等场合使用这种方式。例如"曙光同志"、"志洁同志"等等。

5. 同事间的姓名性称呼

在工作岗位上称呼姓名，一般限于同事、熟人之间。其具体方法有三种：

（1）直呼姓名。如："王弘"、"师旷"。

（2）只呼其姓，不称其名。通常要在它前面加上"老"、"大"、"小"。例如："老李"、"小张"、"大刘"等等。

（3）只称其名，不呼其姓。它通常限于同性之间，尤其是上司称呼下级、长辈称呼晚辈之时。在亲友、同学、邻里之间，也可使用这种称呼。

（四）称呼中的禁忌与错误的称呼

在交往中使用称呼时，一定要回避错误的做法。使用错误的称呼，主要表现为尊重不够，准备不足，知识局限，粗心大意等。常见的错误称呼有两种：

1. 误读

误读，一般表现为念错被称呼者的姓名。比如，"仇"（qiú）不能读 chóu、"郇"（huán）不能读 xún、"查"（zhā）不能读 chá、"盖"（gě）不能读 gài、"仉"（zhǎng）不能读 nǐ、"覃"（qín）不能读 tán、"尹"（yǐn）不能读 yī 等等。

这些姓氏都极易弄错，要避免犯此类错误。姓氏来自祖先，在中国人的心中有崇高地位，一定不要搞错，所以接触前一定要做好先期准备，查查字典，必要时要虚心请教。

2. 误会

误会，主要指对被称呼的年纪、辈分、婚否以及与其他人的关系作出了错误判断。比如，将未婚妇女称为"夫人"，就属于误会。

3. 过时的称呼

有些称呼，具有一定的时效性，一旦时过境迁，若再采用，难免贻笑大方。例如：在我国古代，对官员称为"老爷"、"大人"。对男士当面称呼"爷们儿"，若将它们全盘照搬进现代生活里来，就会显得滑稽可笑，不伦不类。

4. 不通行、不适当的称呼

有些称呼，具有一定的地域性，比如，北京人爱称人为"师傅"，山东人爱称人为"伙计"，中国人把配偶经常称为"爱人"。但是，在南方人听来，"师傅"等于"出家人"，"伙计"肯定是"打工仔"。而外国人则将"爱人"理解为搞"婚外恋"的"第三者"，可见是"南辕北辙"，误会太大了。

5. 庸俗低级的称呼

有些称呼在正式场合不应使用。例如，"哥们儿"、"姐们儿"、

"瓷器"、"死党"、"发小"，等等一类的称呼，就显得庸俗低级，档次不高，而且带有黑话的风格。把学校领导称为"老板"、"头儿"也不合适。逢人便称"老板"，也显得不伦不类。

6. 绰号

对于关系一般者，切勿自作主张给对方起绰号，更不能随意以道听途说来的对方的绰号去称呼对方。至于一些对对方具有侮辱性质的绰号，就更应禁止。例如，"北佬"、"鬼子"、"鬼妹"、"拐子"、"秃子"、"罗锅儿"、"四眼儿"、"瞎子"、"菜鸟"、"恐龙"、"柴火妞儿"，等等。另外，还要注意，不要随便拿别人的姓名乱开玩笑。要尊重一个人，必须首先学会去尊重其姓名。每一个正常人，都极为看重本人的姓名，而不容他人对此进行任何形式的轻践。对此，在人际交往中，一定要牢记。

7. 性别差异

同性的朋友、熟人，若关系极为亲密，可以不称其姓，而直呼其名，如"志刚"、"丽韵"。对于异性，则一般不可这样做。要是称"刘俊英"、"刘凤玲"为"俊英"、"凤玲"，人们往往会认为他们不是其家人，便是其恋人或配偶了。

（五）涉外的称呼

在改革开放中，学校的对外交往越来越多，涉外活动中，无论是出访还是接待，会遇到各种各样的外国人。对外国人如何称呼，是改革开放时期的重要常识之一。

通常情况下，对外国男子称先生（Mr.），对外国已婚女子称夫人（Mrs.），对外国未婚女称小姐（Miss）。称呼外国人，一般要冠以姓名、职称、衔称等。如"斯特朗先生"、"博士先生"、"市长先生"、"玛利小姐"、"英·甘地夫人"等。

"Sir"（先生）、"Madam"（夫人），是对地位较高、年龄较长者的一种尊称。"Ms"（译为女士）是现代对年长而婚姻状况不明的女子的称呼，也是女权运动的产物。

在国外，对部长级以上的政府高级官员，男子可称"阁下"、"先生"或职衔，如"总统阁下"、"总理阁下"、"总理先生阁下"等。对有高级职衔的妇女，也可称"阁下"，但不能称"先生"。对有地位的妇女可称"夫人"。对医生、教授、法官、律师以及有博士学位的人士，可单独称"医生"、"教授"、"法官"、"博士"等，同时可以加上姓氏，还可以加上"先生"，如"卡特教授"、"法官先生"、"马丁博士先生"等。

对君主制国家，应称国王和皇后为"陛下"；称王子、公主、亲王等为"殿下"；对有公、侯、伯、子、男等爵位的人士既可称爵位，也可称"阁下"，还可称"先生"。

在欧洲，靠努力取得的学术头衔比公司的头衔更光荣，因此可以光用学术头衔称呼；或者为了保险起见用两个头衔称呼，在用两个头衔的时候，要把学术头衔放在前面。外国人的姓名与我国汉族人的姓名大不相同，除文字区别外，姓名的组成、排列顺序都不一样，还常常有冠词、缀词等，要向有关人员问清楚，确保称呼的正确性。

二、握手礼

握手礼是交际中最常见的礼节，但是要恰当地握手需要注意以下几个方面：握手的时机、伸手的次序、握手的方式、握手的禁忌。

（一）握手的时机

1. 迎送时表示敬意。在办公室里、家中以及其他一切以自己作为东道主的社交场合，迎接或送别外宾和来访者时，要握手，以示欢迎或欢送。

拜访他人、慰问同事、进行家访后，在辞行时，要握手，以示"再会"。

2. 在重要的社交活动表示敬意。如开学典礼、毕业典礼、年终奖励、研讨会、家长会、校友会、运动会、宴会、舞会、沙龙、生日晚会开始前与结束时，要与来宾握手，以示欢迎与道别。

3. 表示感谢。他人给予了自己一定的支持、鼓励、祝贺、馈赠、帮助，或邀请参加活动时，要握手，以示衷心感激。

4. 向他人表示恭喜、祝贺时，如祝贺生日、结婚、生子、晋升、升学，或获得荣誉、嘉奖时，要握手，以示贺喜之诚意。

5. 高兴与问候

遇到较长时间未曾谋面的熟人，要握手，以示久别重逢而万分欣喜。被介绍给不相识者时，要握手，以示自己乐于结识对方，并为此深感荣幸。在社交性场合，偶然遇到同事、同学、朋友、邻居、长辈或上司时，要握手，以示高兴与问候。

6. 对他人表示理解、支持、肯定时，要握手，以示真心实意。得悉他人患病、遭受其他挫折或家人过世时，要握手，以示慰问。

（二）握手的方式

具体来说，握手礼通常先打招呼，说敬语或问候语，寒暄问候。双目应注视对方，神情专注，姿态自然，微笑点头，然后相互握手。行握手礼时，距对方约一步，上身前倾，两足立正，伸出右手，四指并齐，拇指张开向受礼者握手，并上下微动，约两三秒钟，礼毕即松开。

握手礼同时是情感流露的重要形式，在手部触摸时间感受到对方的态度。有一定力度且时间较长的握手表示的是热情和真诚；而轻轻一握即分开则表示冷淡。

教师与人握手时手位要适当，手掌垂直于地面最为适当。它称为"平等式握手"，表示自己不卑不亢。

与人握手时掌心向上，表示自己谦恭、谨慎，这一方式叫作"友善式握手"。

与人握手时掌心向下，则表示自己感觉甚佳，自高自大，这一方式叫作"控制式握手"。教师不必如此造作。

若关系亲近密切者，则边握手边问候，甚至两人双手长时间地紧握在一起。年轻者对长者、尊者或上级应稍微向前欠身，双手握住对方的手以示尊敬。此种方式的握手不适用于初识者与异性，因为它有可能被理解为讨好或失态。这一方式有时亦称"手套式握手"。

男子与女子相见时，女方若不先伸手，男方一般不可行握手礼。和女方握手时，往往只轻握一下女方的手指部分。

握手时，为了向交往对象表示热情友好，应当稍许用力，大致握力以在两公斤左右为宜。与亲朋故旧握手时，所用的力量可以稍为大一些；而在与异性以及初次相识者握手时，则千万不可用力过猛。

在与人握手时，不可以毫不用力，毫无反应，不然就会使对方感到怠慢无礼。这种握手方式国际上称为"死鱼手"。

男子在握手前先脱下手套，摘掉帽子、墨镜。在介绍女子与男子相识时，女子可不起立，握手时戴着纱手套也被认为是可以的。

（三）握手的次序

握手时应注意以下几个方面的事项：行握手礼时，教师、女子、长者、尊者、上级、主人、先到者、已婚者有先伸手的义务，不然会使对方尴尬。学生、男子、年轻者、身份低者、下级、客人、后到者、未婚者只有向对方问候并在对方伸手之后再行握手礼。

有时交际的双方身份是交叉的，例如 A 是女士，同时又是下级、学生，B 是男士同时又是上级、教师，谁先伸手呢？这就应具体情况具体分析，在本单位，校园内，身份明确，按教师、上级先伸手；在社交场合，或当时双方不知道谁是上级，则应按女士优先原则，其次是长者优先的原则，由女士、长者先伸手。

多人行握手礼注意不可交叉，待别人握完再握手。个人需要与多人握手，也应讲究先后次序，由尊而卑。

握手礼仪的特例是主人与客人握手的次序。在接待来访者时，应由主人首先伸出手来与客人相握表示"欢迎"。而在客人告辞时，则应由客人首先伸出手来与主人相握表示"再见"。

（四）握手的禁忌

1. 拒绝他人的握手

无论谁先向自己伸手，即便他忽视了握手礼的先后顺序而已经伸出了手，都应看作是友好、问候的表示，应马上伸手相握；拒绝他人的握手是很不礼貌的。

2. 用力过猛

握手时不要用力过猛，尤其是当男性与女性握手时，用力一定要适度，不要对女性采取双握式（俗称"三明治"式）握手。

3. 交叉握手

在多人同时握手时，不要交叉握手。当自己伸手时发现别人已伸手，应主动收回，并说声"对不起"，待别人握完后再伸手相握。

4. 戴手套握手

无论男女，在社交活动中，与人握手时均不应戴手套，即使你的手套十分洁净也不行。女士穿夜礼服、婚礼服等套装戴纱手套时例外。

5. 握手时东张西望

握手时双目不能斜视或环视其他而应注视对方，两手相握时，通过双方的目光形成一个情感的"闭合回路"。

（五）不宜握手的情况

对方手部有伤。

对方手里拿着较重的东西。

对方忙着别的事，如打电话、用餐、主持会议、与他人交谈等等。

对方与自己距离较远。

对方所处环境不适合握手。

当自己的手不干净时，应亮出手掌向对方示意声明，并表示歉意。

三、鞠躬礼

鞠躬礼在国际交往中是经常采用的礼节。鞠躬礼源于中国，最初指的是弯曲身体，代表一个人的恭谦姿态。后来逐渐演化为一种弯身礼节，表示内心的谦逊恭敬。

鞠躬礼节一般是下级对上级或是同级之间，或是初次相见的朋友之间的礼节。行鞠躬礼时必须脱帽，用右手握住帽前檐中央，将帽取下，手垂下后身体对正，呈立正姿势。行鞠躬礼前必须注目，不可旁顾，受礼者也同样。上级、长者或尊者在还礼时，可以欠身点头或同时伸出右手作答，不鞠躬也可以。

四、接吻礼或拥抱礼

（一）接吻礼

接吻礼是西方的一种礼节，它是上级对下级、长辈对晚辈、朋友或夫妻之间表示亲昵、爱抚的一种见面礼节。多采用拥抱亲脸颊、额头、贴面颊、吻手或接吻等形式。在学校接待外宾，从事涉外活动时应当按照国际惯例学会接吻礼或拥抱礼。在西方公共场合，一般见面时为表示亲近，女子之间可亲脸，男子之间可以抱肩拥抱，男女之间也可贴面颊。长辈可以吻晚辈的脸或额头，男子对尊贵的女宾往往只吻一下手背以示尊重。西方遇到高兴或悲伤的事时，都要行接吻礼，以表示相同情感的交流。夫妻之间在某种情况和场合的接吻，也带有一定的礼节性。

（二）拥抱礼

国际交往中，在欢迎宾客或表示祝贺、感谢的隆重场合，在官方或民间的各种仪式中，常常采用拥抱的礼节。拥抱时，两人相对而立，右臂偏上，左臂偏下，右手扶着对方的右肩，左手扶在对方的右后腰，按各自的方位，两人头部及上身都向左相互拥抱，然后，头部及上身向右拥抱，再次向左拥抱，礼毕。

国际交往或对外交流工作中，各国人民见面或告别的礼节各异。中国人见面或告别施握手礼，西方人常相互拥抱或亲吻。究竟施什么礼节要遵守一个原则，即"以我为主，尊重他人；不卑不亢，讲人格、国格"。但也应区别情况，当对方表示对你的感谢之情而主动施拥抱礼时，为尊重对方一般可以接受，做到施礼得体，既尊重对方，又不失人格、国格，表现出"礼仪之邦"的传统美德。

五、名片使用礼仪

名片是现代社会交往中一种最为经济实用的介绍性媒介。现在名片使用越来越频繁，是社交的重要手段之一。初次见面，大家往往会递上名片作为自己的"介绍信"和社交的"联谊卡"。名片使用要注意：名片的内容、递交名片的时机、交换名片的礼仪、名片的多种功能、名片的制作。

（一）名片的内容

现在社交名片与职业名片区别越来越小，为了交往、联系、工作方便，名片上通常载上必要的信息，一般都写上姓名、地址、电话、电传、电子信箱、邮编、单位、职务、职称、社会兼职等。它是一个人身份的展示。

（二）递交名片的时机

初次登门拜访对方，需要将自己的名片递交他人，或与对方交换名片，希望认识对方。表示自己重视对方，通知对方自己的变更情况，打算获得对方的名片，自己先递上自己的名片。注意，不要强行索要对方的名片。

（三）交换名片的礼仪

交换名片时应有正确的仪态，它体现了一个人的修养和素质。无论是递名片或收受名片，一定要保持恭敬严谨的态度。

1. 赠送名片

一般情况时，职位低的人应先给出名片，这是基本的礼貌。不过假如对方已经先递出名片，就赶快先收下。

在双方交换名片时应起身，并面对对方，口头要先有所表示，说："您好！这是我的名片，请多指教。"或者"您好！我们来认识一下吧。"交换名片最好是双手递，双手接，除非对方是有"左手忌"的国家（如印度、缅甸、泰国、马来西亚、阿拉伯各国及印尼的许多地区，他们的传统认为左手是肮脏的）。

名片正面朝对方，如是对外宾，外文一面朝上，字母正对客方，要恭敬有礼。交换名片时的高度不能低于腰部以下。如果对方已先准备好名片，而自己因动作缓慢让对方久等，这是相当不礼貌的。当确定对方已准备就绪，应尽快将自己的名片递出。

若是拿着名片行走时，拿着名片的那只手应放于胸前。

2. 接受名片的礼仪

接过名片后应点头致谢，并认真地看一遍。最好能将对方的学位、职称、主要职务、身份轻声读出来，以示尊重，遇到不太清楚的地方可马上请教。此时不可拿着名片在对方的面孔旁边比对或是从头到脚打量对方，这是极度没有礼貌且易引起他人反感的行为。切忌接过名片一眼不看就收起来，也不要随手摆弄，这样不恭。应认真收好，让对方感到受重视，受尊敬。放在桌上时，上面不要压任何东西。事后，如有必要可在名片上注上结识的时间、地点、缘由，以免以后光有名片对不上人和事来。

在现代涉外活动中，也可以用名片作为简单的礼节性通信往来，表示祝贺、感谢、介绍、辞行、慰问、吊唁等。可以在名片上写上简短的一句话，或送礼、献花时附上一张名片。国际涉外交往中这都是很常见的。

（四）名片的多种功能

在国外，有些女主人在名片右下角写上"鸡尾酒会，18：30—20：30 ×月×日"，用以代替"家庭招待"会的请帖。赠人鲜花时，附上一张名片也是很常见的。

另一种方法是根据不同的目的、用意，用铅笔在名片左下角写上几个表示特定含义的法文小写字母。例如，祝贺对方国庆节或其他节日，在名片上注上"p. f."（敬贺）即可。

几种常用的外文缩写及其含义如下：

1. 介绍 p. p. —— （pour presentation）

2. 敬贺 p. f. —— （pour felicitation）

3. 谨谢 p. r. —— （pour remerciement）

4. 辞行 p. p. c. —— （pour prendre conge）

5. 恭贺新年 p. f. n. a. （大小写均可） —— （pour feliciter le nou-velan）

6. 谨唁 p. c. —— （pour condoleance）

7. 谨赠（不用缩写，英、法、俄三种文字均写在姓名上方，中文写在右下方）：

英文：WITH THE COMPLIMENTS OF XXX

法文：AVEC SES COMPLIMENTS

俄文：CYBAEHNEM

在国内使用，也可以写中文礼仪用语。

（五）名片的制作

国内最通用的名片规格为 9×5.5，即长 9cm，宽 5.5cm。这是制作名片时应当首选的规格。此外，名片还有两种常见的规格：10×6 和 8×4.5。前者多为境外人士使用，后者则为女士专用。

如无特殊需要，不应将名片制作过大，甚至有意搞折叠式，免得给人以标新立异、虚张声势、有意摆谱之感。

国外习惯姓名印在中间，职务用较小号字体印在姓名下面。我国则习惯将职务、单位用较小号字体印在名片左上角，姓名印在中间，一般字体稍大。如是竖排板，则职务、单位在名片右上角，姓名在中间。如同时印中外文，则一面为中文，另一面印外文，外文一面按国际习惯排印。

学校的职业名片通常还会将校徽印刷在名片的左上角，通常不宜太花哨，要体现职业特色，高雅、庄重。艺术教师的名片还可以设计得艺术化一些，更加美观大方。但是不要喧宾夺主，图案太花，字体信息反而看不清楚。

（六）名片的存放

要使名片的交换合乎礼仪，并且使其在人际交往中充分发挥作用，则还应注意如下三个问题：

1. 名片的放置

在参加交际应酬之前，要像准备修饰化妆一样，提前准备好名片，并进行必要的检查。

随身所带的名片，最好放在专用的名片包、名片夹里，此外也可以放在上衣口袋之内。不要把它放在裤袋、裙兜、提包、钱夹里。在交际场合，如感到要用名片，则应将其预备好，不要在使用时再去瞎翻乱找。

接过他人的名片看过之后，应将其精心放入自己的名片包、名片夹或上衣口袋内，切勿放在其他地方。

2. 名片的收藏

参加过交际应酬以后，应立即对所收到的他人的名片加以整理收藏，以便今后利用方便。

存放名片的方法大体上有四种，它们还可以交叉使用。

（1）按姓名的外文字母或汉语拼音字母顺序分类。

（2）按姓名的汉字笔画的多少分类。

（3）按专业或部门分类。

（4）按国别或地区分类。

若收藏的名片甚多，还可以编一个索引，也可以使用专门的名片处理软件。

第二节 | 馈赠礼仪

在学校日常活动中，礼尚往来，相互馈赠或接受礼物，是为了沟通、巩固和不断加深教育工作者的感情，创造一种良好的气氛和环境。

一、馈赠礼仪的概念

馈赠，就是指人们为了向其他人表达个人的敬意，而将某种物品不求报偿、毫无代价地送给对方。馈赠也可以叫作赠送。

馈赠礼品是人们在社会交往中经常遇到的情况。馈赠不仅是一种礼节形式，更是人与人之间诚心相待，表达尊重和友情的见证。

交往活动中相互馈赠或接受礼物，礼品应以表达尊敬的意愿为主，经济价值为辅，以好创意为佳。礼不在轻重，只要送礼者诚心实意，受礼者满意，即恰到好处。由此造成良好的交际气氛和环境，加深彼此的感情，促进具体活动的开展。

二、馈赠礼仪的原则

交往活动中向对方馈赠礼物，要以他人能够接受并表示满意为前提，要恰当，要掌握决定对方接受礼物的诸因素，以达到馈赠礼物预期的目的。

（一）目的性

送礼是为了表示你对他人的祝贺、感谢、关怀、安慰、鼓励和思念等心情，是为了使对方在接受礼物后产生愉悦和幸福的情感。每个人对礼物的需要各不相同，选择礼物的公认标准是：要了解对方的兴趣、爱好，从对方立场出发精心挑选、精心制作，价值不一定昂贵，既投其所好，又使礼物表达诚恳的心意，即"礼轻情义重"。赠礼可以随礼物写上几句祝福的话语，以显出送礼者的内在情感。

（二）针对性

礼物要使受礼者喜爱，就要有的放矢。选择礼物时，要考虑受礼一方的性别、年龄、婚否、职业、教养、国籍、民族、宗教信仰和兴趣等等，还要考虑送礼的目的，例如：结婚、乔迁、探望病人、欢迎、告别等。送给外国人的礼物要挑选具有鲜明特色或特定意义的，具有深刻记忆性的，并适合在一定礼仪场合馈赠的礼物。

礼物要有一定的使用价值，包括心理受用的价值。例如：鲜花没太大使用价值，但是如果可以达意也可送。有时，送自己精心制作的礼物更具情意。

（三）纪律性

许多单位有廉政建设要求，制定有关送礼和受礼的制度和政策，因此，在馈赠和接受礼物时要有守纪性。如果对方单位政策不容许接受礼物，就要无条件遵守规定。否则，不仅表示你不懂得礼节，而且会危害与对方的友谊，使他（她）处于不利的被动地位。这时，可以用别的办法代替送礼，如邀请对方人员及其家属欣赏音乐或参加其他活动。

（四）禁忌性

送礼还要注意送礼的禁忌，避免好心办坏事，南辕北辙。例如：安排献花，须用鲜花，并注意保持花束整洁、鲜艳。送花四禁忌包括：忌送菊花、杜鹃花、石竹花、黄色花朵。

在选择鲜花作为礼物时，至少要在其"品种、色彩和数目"等三个方面加以注意。

在国内外，鲜花都被人们赋予了特定的含义。例如：在西方，玫瑰象征爱情，康乃馨则表示伤感或拒绝，单独送人时必须慎之又慎。菊、莲和杜鹃，在国内口碑甚佳，在涉外交往中却不宜用作礼品。菊花在西方系"葬礼之花"，用于送人便有诅咒之意。莲花在佛教中有特殊的地位，杜鹃则被视为"贫贱之花"，用于送人也难免发生误会。赠花前应更多地了解一些"花语"，增加赠礼的文化品位。

三、送礼方式

西方名言说"赠送礼品的方式比礼品本身更重要"。馈赠礼物必须有包装，美观独特的装潢有时比礼物本身更给人美的印象，礼品的精心包装又能进一步显示出馈赠的情谊。礼物用礼品纸包装，彩色丝带系上花结，最好放上名片或自己做的小卡片，写上相应的祝贺词或具有一定意义的词语。

馈赠礼物应当面送给受礼人，双手捧上并说几句相应的话，也可说几句介绍礼品的话。若请别人代送或寄送礼物时，要随礼物附上贺词或名片。

四、馈赠礼物的时机

礼物应当体现交往活动中的友谊，体现对朋友的感激之情。切忌把礼物当成订货、购物或其他业务工作的直接反应。在送礼时间的选择上，社会上有习惯的送礼时间。在这个时间去送礼，只要价值适当一般对方都可以接受。其他时间送礼，一般会使对方感到为难，或容易引起别人非议，其结果会背离送礼者的初衷和愿望。一般可以掌握以下送礼的时间：

1. 传统节日和重大纪念日

我国的传统节日有春节、元宵节、端午节、中秋节、重阳节等。世界性的节日一般有圣诞节、情人节和母亲节。重大纪念日有"三八"、"六一"、"七一"、"八一"、"十一"。人们在这时向朋友表示美好的祝愿，同时送一些礼物，其中以传统节日送礼的为多。

2. 喜庆之日

喜庆之日是指结婚、乔迁、生日、寿诞、晋升、获奖之时。遇到对方家中有这样的喜庆日子，一般要备送礼品以示庆贺。

3. 临别送行

此时为表示自己的惜别之情，可适当送礼品，留作纪念，以示友谊天长地久。

4. 探视病人

到医院或病人家中探视病人，可送些礼物，祝其早日康复。

5. 开业、庆典之日

在对方企业开业或举行某种庆典活动之时，可送花篮、牌匾等礼物，以示祝贺。

6. 酬谢他人

当自己在工作、生活中遇到困难时，曾受过他人帮助，事后，可送些礼物酬谢。

　　送礼时机要视实际情况灵活掌握，选择好时机，可使馈赠礼物显得自然亲切，并达到预期的目的。

五、馈赠礼仪的分类

　　馈赠的礼物要实用、恰当。所以，一般礼物可以分为两类：可以长期保存的礼物，如工艺品、书画、照片及相册等，注重情意；保存时间较短的礼物，如鲜花、一次性消费品等，注重经济实用。

六、馈赠禁忌

　　馈赠礼仪是非常严格的，由于民族、宗教信仰和风俗习惯的差异，馈赠礼物有许多禁忌，有共性内容，也有个性的要求。作为送礼者，要在送礼之前对馈赠禁忌有所掌握，以避免出现失礼行为。在具体交往中，一般有如下几方面的禁忌：给年长多病或刚离退休的人送钟表；给准备参加体育比赛或其他比赛的人送书；给有生理缺陷的人送他们无法使用的礼品、刀剪等；男士给女士送鞋、袜或内衣；花束去掉包装送人；临别告辞时送礼，或一声不吭地把礼物放在门口或房间角落里一走了之；对婚嫁祝寿等较大的喜庆活动，不可参加完仪式后过时补礼。

　　要注意不同国家、民族对颜色、数字和风俗的要求。

　　掌握了馈赠禁忌，正确运用馈赠礼仪，送礼才能真正起到加强联系、联络感情、增进友谊的作用。

七、给外宾送礼时应注意的问题

　　礼物不必太贵重。过于贵重的礼物容易使主人不安，甚至有受贿之感。也不要送残次品。

不要过分谦恭。"礼品很不像样子，真不好意思拿出手来"等话要避免，这类话在外国人心目中很不受听，而且还会被认为是在贬低对方。

除鲜花外，其他一切礼物都要带包装送，注重装潢。礼物用板纸包装给人留下不好的印象，写好价格的标签应事先除去。

送礼物时要落落大方，不能一声不响地把礼品放在墙角，而要在刚见面或临分手时，当面交给对方。

接受礼物同样要注意礼貌和分寸，不应过于谦虚，不停地表示谢意。即使对礼物感到不合心意，也应表示感谢。

接受礼物应当场打开，长时间放置是失礼的，会使对方感觉你对送礼之人没有感谢之意，或者你对礼物毫无兴趣。

八、接受馈赠的礼仪和回礼

（一）接受馈赠的礼仪

接受礼物时要遵守法规和政策。对于那些打算给你送礼，而你又不能接受其礼物的人，在同其相处时要注意自己的言行，要用自己的行为证明自己的活动符合正当的习惯和企业政策，防止不愉快的事情发生。

接受礼物时，中国人的习惯是双方不当面打开礼品（包），而是事后打开。所以，一般当时不知道礼品的价值，不知是否该收。只有开包查看后，才能最后确定。当你确定是否应当接受一件礼物时，主要考虑的问题是这份礼物究竟意味着什么。要考虑：礼物的价值过分吗？送礼的时间是传统送礼的时间吗？接受礼物会违反有关规定吗？收礼后要对送礼者承担一些责任吗？在过去三个月内，你签订过对送礼者有利的合同，或做过对送礼者有利的事吗？对以上问题，只要其中一个的答案是肯定的，就不应该收受礼物。

如果有理由认为，该礼物的意义已超过朋友之间表示友好和感谢的内容时就不应当收下。在不能确定是否应接受礼物时，以不接受为好，以免将来发生麻烦。

当决定谢绝礼物时，可以按下面做法处理：立即采取行动，在24小时内把礼物退回；退回礼物时，要附有信件，既要感谢送礼者，又要清楚地表明礼物不能接受；要保存回信复印件，以便保护自己；如果学校有规定或你认为该礼物意在行贿时，要把收礼、退礼的情况及时向上级报告，或将礼品交给学校。在谢绝礼物的回信中，一定要写明收到礼物和回信的日期。在回信中，要注意不用有副作用的语言，不用侮辱性的词句，原则是退回礼物而又保持友好关系。

（二）回礼

当收到他人的礼物时，必须想到回赠礼物，这才符合交际礼仪。

回赠的时间要适当。可以在客人临走时回赠。如果刚接受了他人给你的礼物，不宜当场就回赠，这样会显得很俗气，也会令送礼者为难。

也可以在接受客人礼物后，隔一段时间登门回拜时，带给对方礼物表示谢意。

还可以寻找机会，如在传统节日或纪念日，或在对方喜庆的日子送上适当的礼物以表示你的谢意。

回赠的方式可选择适当的时机和适当的场合送礼，也可以选择送礼物的方式、宴请的方式，或参加各项活动的方式，向对方表示感谢。

第三节｜用餐礼仪

随着人们生活水平的提高，教师在外吃饭的机会越来越多。了解各种用餐礼仪，既可以提高教师的综合素质，又有利于开展各种国际国内交往。

一、用餐的种类

用餐是交际中最常见的活动形式之一。中国讲究"民以食为天",西方认为"吃饭是外交的灵魂"。不同场合、不同目的、不同人员的用餐情况各不相同,用餐时各国、各地、各个不同的人群都有本国或本民族的特点及习惯。用餐请客一方应当注重这些,遵守接待礼仪,参加用餐的客方亦应注重礼节。

(一)宴会

宴会是正餐,出席者按主人安排的席位入座进餐,由服务员按专门设计的菜单上菜。宴会分国宴、正式宴会、便宴、家宴等,从时间上分为早宴、午宴和晚宴。一般而言,正式宴会安排在晚间举行。

国宴是国家元首或政府首脑,为国家庆典或为欢迎来访的外国国家元首、政府首脑而举行的一种正式宴会,规格最高。举行国宴要悬挂宾、主两国国旗,演奏两国国歌和席间音乐,宴会过程中有致辞、祝酒、排座次等环节。正式宴会的安排与国宴大体相同,但不悬挂国旗,不奏国歌,宴席的规格也不同。宾、主按餐台上的姓名卡入座。宴会要有一定的排场,出席者应注重仪表,讲究礼节。宴会场地的布置、餐具的摆放、食品饮料的选用、菜品的设计及服务员的仪表、服饰都要有一定的规格和要求。宴会要热烈隆重,注重实效,不铺张浪费。便宴是非正式宴会,形式简便,可不安排讲话,菜品道数可酌减,气氛亲切、随意。家宴是主人在家中招待客人,往往由主妇亲自下厨,烹调自家菜,同家人一起共同款待客人。

(二)招待会

招待会是一种不按正餐的宴请规格,只备食品、饮料,一般不排固定的席位,宾、主活动不拘泥于形式。

1.冷餐会。不排席位,菜品、食品以冷食为主,餐台上放置各种餐具，供宾主自取。宾主可多次取食，边用边谈。酒水可集中在宴会酒吧，宾主既可自己选用，也可由服务员用托盘送上。冷餐会的地点可以在室内，也可在室外花园；可以不设座椅，站立用餐，也可设少量桌椅请需要者入座。举办时间通常在中午12时至下午2时，下午5时至7时左右。这种宴请形式最适宜招待人数多的宾客。

2. 酒会又称鸡尾酒会，主要备酒水和小吃。一般不设座椅，只设小桌供宾主放置酒杯和盘碟。酒会举行的时间灵活，客人抵达和退席的时间不受限制。酒会形式活泼，便于出席者广泛随意交谈。

（三）茶会

茶会是简便的招待形式，举行的时间一般在下午4时左右，地点设在客厅，客厅内需设置座椅和茶几。有贵宾出席茶会，应把其与主人安排在一起，其他出席者随意就座。茶会请客人品茶，要备好茶叶和茶具。

（四）工作餐

工作餐可分为工作早餐、工作午餐、工作晚餐，这是现代交际中经常采用的一种非正式宴请形式，这种宴请属工作性质，出席者的配偶一般不参加，便于边谈边食，省时简便。若是代表团，双边工作进餐需用长桌，并按会谈席位顺序入座，以便交谈。

二、宴请活动的组织与服务

宴请对宾客而言是一种礼遇，必须按规格、按有关礼节礼仪要求组织。学校之间请客也应注意礼仪。

（一）定宴请目的、名义、范围和形式

宴请的目的可以为某人或某事举行。宴请名义主要依据主宾双方的身份而确定，也就是说主宾的身份应该对等。宴请范围是指主要请哪些方面的人士，多边活动还要考虑政治关系等。宴请形式在很大程度上取决于当地的习惯做法。

（二）确定宴请时间和地点

宴请时间应对主宾双方都适宜，注意不选择在对方重大节日、假日、有重要活动或有禁忌的日子。校方隆重活动的地点一般安排在学校的大厅或宾馆内举行，其他则按活动性质、规模大小、主人意愿以及实际可能而定。

（三）邀请

各种宴请活动，一般均发请柬，这既是礼节，也是对客人的提醒备忘。请柬一般提前一周至两周发出，以便被邀请人及早安排。前三天或前一天可以电话确认一次。一般不可当天临时邀请。

（四）菜单

宴请的酒菜根据活动的形式规格，在规定的预算标准内安排，事先应开列菜单，并征求主管负责人同意。正式宴会应当在每个桌上放置菜单，以便让客人有心理准备。特色菜肴的菜单还可以当作纪念品，所以，应当印刷精美，有文化品位。

（五）席位安排

在宴会礼仪中，席位的排列是一项十分重要的内容。它关系到来宾的身份和主人给予对方的礼遇，所以受到宾主双方的同等重视。礼宾次序是安排席位的主要依据。正式宴会一般均排席位，为了确保在宴请时赴宴者及时、准确地找到自己所在的桌次，可采用以下五种辅助方法。同时，应在每位来宾所属座次正前方的桌面上，事先放置醒目的个人姓名座位卡。举行涉外宴请时，座位卡应用中、英文两种文字书写。我国的惯例是，中文在上，英文在下。必要时，座位卡的两面都写上用餐者的姓名。

五种辅助方法如下：

1. 在请柬之上注明对方所在的桌次与坐次。

2. 在宴会厅入口设立或悬挂宴会桌次排列示意图、指示牌。

3. 在报到处安排专人对每位报到来宾发放有桌次编号的就餐卡。

4. 安排专门人员引导来宾寻桌就座。

5. 在每张餐桌上摆放桌次牌。还可以摆放来宾名牌。在桌次牌上，以书写阿拉伯数字为宜。

这样，每位来宾都非常清楚今天的餐排座次，同时清楚自己是第几桌，避免一部分人知道，一部分不知道，造成尴尬局面。有的宴会主桌排桌次、座次，其他不排桌次、座次，随意坐。对于这种安排，也应当让有关人员都非常明确，一旦客人坐错位置并被请离主桌是非常不礼貌的事情，是主人的失职。

国际上的习惯是桌次高低以离主桌位置远近而定，右高左低。同一桌上席位高低以离主人座位远近而定。我国习惯按个人职务排列以便于谈话。若夫人出席，常常把女方排在一起，即主宾坐男主人右上方，其夫人坐在女主人右上方。

（六）现场布置

宴会厅和休息厅的布置取决于活动的性质和形式，官方正式活动场所的布置应严肃、庄重、大方。宴会可以使用圆桌，也可以使用长桌或方桌。

①几种常见的席位排法：

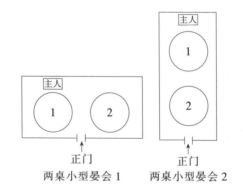

(注：两桌的小型宴会可根据餐厅具体情况横排或竖排。)

图 15：两桌的小型宴会桌次排法

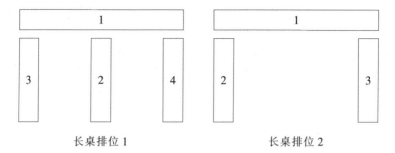

长桌排位 1   长桌排位 2

图 16：长桌的桌次排法

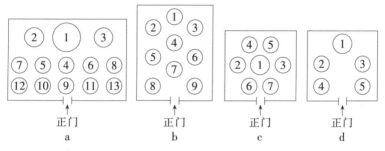

图 17：大型宴会圆桌的桌次排法

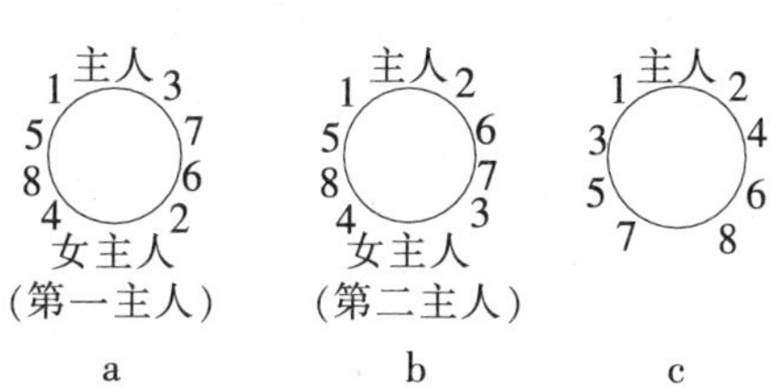

图 18：几种常见的圆桌席位排法

②几种宴会桌次布置法：

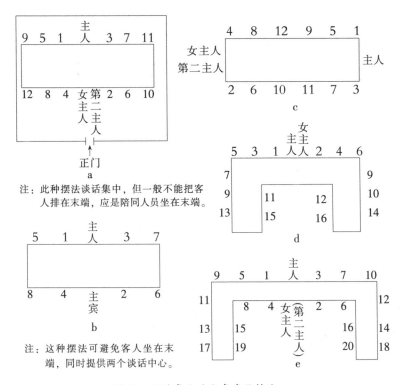

注：此种摆法谈话集中，但一般不能把客
人排在末端，应是陪同人员坐在末端。

注：这种摆法可避免客人坐在末
端，同时提供两个谈话中心。

图19：几种常见的方桌席位排法

（七）餐具的准备

宴请餐具十分重要。中餐宴讲究"色、香、味、形、声、器"，
其中"器"即为餐具。考究的餐具不仅体现出中国的传统风格，也是
对客人的尊重。要依据宴请人数和酒类、菜品的道数准备足够的餐
具。餐桌上的一切用品都要十分清洁卫生，桌布、餐巾都应浆洗洁白
并熨平。玻璃杯、筷子、刀叉、碗碟等餐具，在宴会之前都必须洗净
擦亮。

1. 中餐餐具有筷子、盘、碗、匙、小碟等。摆台时水杯放在菜盘
上方，右上方放酒杯，酒杯数目及种类应与所上酒的种数相同。餐巾
叠成各式花插在水杯中或摊入在菜盘上。宴请外宾时，除摆放筷子

外，还应摆放刀叉、酱油、醋、辣椒、酱油等佐料，通常一桌数份公筷、公勺，应备有筷、勺座，其中一套摆在主人面前。餐桌上应摆放烟缸和牙签。

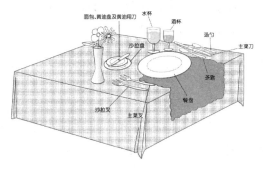

图20：西餐餐具摆放

2. 西餐餐具摆放与中餐不同。西餐餐具有刀、叉、匙、盘、杯等。刀分为食用刀、鱼刀、肉刀、奶油刀和水果刀。叉分为食用叉、鱼叉和龙虾叉。匙有汤匙、茶匙。杯分为茶杯、咖啡杯，并配小碟，均为瓷品。杯多为玻璃制品，不同的酒使用的酒杯规格不同，宴会有几道酒就配几种酒杯。公用刀叉规格一般要大于食用刀叉。西餐餐具的摆台是正面放食盘（汤盘），左手放叉右手放刀。食盘上放匙（汤匙或甜品匙），右上方放酒杯，从右起依次放置烈性酒杯、开胃酒杯、葡萄酒杯、香槟酒杯和啤酒杯。餐巾插在水杯内或摆在食盘上，面包、奶油盘放在左上方。吃正餐的刀叉数目应与菜的道数相同，按上菜顺序由外至里排列，使用也是从外向里依次取用，刀口向里。撤盘时，一并撤去使用过的刀叉。

（八）宴请程序

迎客时，主人一般在门口迎接。官方活动除男女主人外，还有少数其他主要官员陪同主人排列成行迎宾，通常称为迎宾线，其位置一般在宾客进门存衣以后进入休息厅之前。与宾客握手后，由工作人员引入休息厅或直接进入宴会厅。主宾抵达后，由主人陪同进入休息厅与其他宾客见面。休息厅内由相应身份的人员陪同宾客，服务员送饮料。

主人陪同主宾进入宴会厅，全体宾客入席，宴会开始。若宴会规模较大，则可请主宾以外的客人先就座，贵宾后入座。若有正式讲话，一般安排在热菜之后甜食之前由主人讲话，接着由主宾讲话，也可以一入席双方即讲话。冷餐和酒会讲话时间则更灵活。吃完水果，主人和主宾起立，宴请即告结束。

外国人的日常宴请在女主人作为第一主人时，往往以她的行动为准。入席时，女主人先坐下，并由女主人招呼开始进餐。餐毕，女主人起立，邀请女宾与其一起离席。然后，男宾起立，随后进入休息厅或留下吸烟。男女宾客在休息厅会齐，即上茶或咖啡。主宾告辞时，主人把主宾送至门口。主宾离去后，原迎宾的人员按顺序排列，与其他宾客握手告别。

（九）宴会现场服务

1. 宴会开始前做好准备工作。接到任务后，应掌握宴会的规格、标准、餐别、人数、宾客的国籍以及民族、宗教信仰及生活习惯，确定服务方案及注意事项。布置场地时，要对所有设备及用具、餐具进行检查，发现问题及时请求更换。美化环境，摆放花草，根据人数及餐别调整台椅的布局。检查环境、餐具、个人及食品卫生，确保达标。整理会客厅、休息室及衣帽间。掌握宴会菜单和主要菜品、食品的风味特色，做好上菜、分菜和回答宾客询问菜品、食品特色的准备工作。备齐备足宴会所需要的餐具、酒具、酒水及调味品。根据餐别和规格摆台，并在宾客入席前 5 至 10 分钟左右，摆放冷盘。

2. 宾、主抵达时的接待工作。服务员按分工在各自岗位礼貌热情地迎接宾客。帮助宾客脱下帽后，将其引进休息室、会客室，或直接陪同进入宴会厅。保管好宾客的衣物。宾客进入休息厅，热情地送茶水、递香巾。宾客走近座位时，服务员拉开座椅，请其入座并轻稳地将椅推至原位，使宾客坐稳、坐好。引宾客入座，要按先女宾后男宾，先主宾后一般宾客的顺序进行。

宾、主入座后的服务工作。为宾客进行酒水服务时，应按宾客点的酒水，按先主宾后主人、先女宾后男宾的顺序服务。席间，按中、西餐服务的程序与标准进行上菜、分菜、分汤、斟酒，特别照顾好主宾。

宴会结束工作。宾客餐毕起身，应为其拉椅，目送或陪送宾客至宴会厅门口。若宾客餐后在会客室休息，要及时递送茶水或酒水。宾客离开时，衣帽间服务员及时准确地将衣帽取递给宾客，并热情帮助其穿戴。清台时要注意检查是否有宾客遗留物品，若有发现，应及时送给宾客。

三、参加宴会的礼节

宾客参加宴会，无论是作为组织的代表，还是以私人身份出席，从入宴到告辞都应注重礼节规范。这既是个人素质与修养的体现，又是对主人的尊重。

（一）参加宴会的准备

接到宴会邀请，能否出席应尽早答复对方，以便主人做出安排。接受邀请后不要随意改动，万一遇到特殊情况不能出席时，尤其作为主宾，要尽早向主人解释、道歉，甚至亲自登门表示歉意。应邀出席一项活动之前，要核实宴请的主人，活动举办的时间、地点，是否邀请配偶以及服饰的要求。如果希望带配偶、孩子或其他客人赴宴应提前征得主人同意。

（二）仪容和服饰

出席宴会前，一般应梳洗打扮。女士要化妆，男士应梳理头发并剃须。衣着要求整洁、大方、美观。这将给宴会增添隆重热烈的气氛。

（三）赠花与礼物

参加庆贺活动，可按当地的习俗以及主客双方的关系，准备赠送的花篮或花束。参加家庭宴会，可给女主人准备一束鲜花。赠花时要注意对方的禁忌。有时需要准备一定的礼品，在宴会开始前送给主人。礼品价值不一定很高，但要有意义。

（四）入宴席

1. 按时抵达

按时出席宴请是最基本的礼貌。出席宴请活动，抵达时间的迟早、逗留时间的长短，在一定程度上反映对主人的尊重，应根据活动的性质和当地的习惯掌握。迟到、早退、逗留时间过短被视为失礼或有意冷落。身份高者可略晚些到达，一般客人宜略早些到达。出席宴会要根据各地习惯。西方习惯正点或晚一两分钟抵达；我国则是正点或提前一两分钟抵达。出席酒会可以在请柬注明的时间内抵达。抵达宴会活动地点，先到衣帽间脱下大衣和帽子，然后前往迎宾处，主动向主人问候。如果是庆祝活动，应表示祝贺。对在场的其他人，均应点头示意，互致问候。

2. 入座

应邀出席宴请活动，应听从主人安排。若是宴会，进入宴会厅之前，先掌握自己的桌次和座位。入座时注意桌上座位卡是否写有自己的名字，不可随意入座。如邻座是年长者或女士，应主动协助他们先坐下。入座后坐姿要端正，不可用手托腮或将双臂肘放在桌上。坐时应把双脚踏在本人座位下，不可随意伸出，影响他人。不可玩弄桌上的酒杯、盘碗、刀叉、筷子等餐具，不要用餐巾或口纸擦餐具，以免使人认为餐具不洁。

3. 席间交谈

坐定后，如已有茶，可轻轻啜饮。无论作为主人、陪客或宾客都应与同桌的人交谈，特别是左右邻座。不可只与几位熟人或一两人交谈。若不相识，可自我介绍。谈话要掌握时机。要视交谈对象而定。不可只顾自己一人夸夸其谈，或谈些荒诞离奇的事而引人不悦。

（五）进餐

宴会开始时，一般是主人先致酒辞。此时应停止谈话，不可吃东西，注意倾听。致辞完毕，主人招呼后，即可开始进餐。

举止文雅是饮食文化的重要组成部分，对他人的体谅是指导良好餐桌举止的准则。取菜时不可一次盛得过多。盘中食物吃完后如果不够，可以再取。用餐前应先将餐巾打开铺在膝上。现在不要再放到领子里。

　　中途临时离开一下，有两种方式表示：

　　1. 将餐巾放在椅子上。

　　2. 西餐用餐时将餐巾搭放在桌子上，一半垂下。

　　用餐完毕可将餐巾叠一下，不必太整齐放在桌子上，中餐放在盘子右侧，西餐放在自己面前的桌子上。不可放在椅子上，否则是暗示服务员，"我还回来"；亦不可叠得方方正正而被误认为未使用过。餐巾只能擦嘴，用时一手捏住一面的上端，另一手相助。餐巾不能用于擦面、擦汗。服务员送的香巾是用来擦面的，通常放在左手位，擦毕放回原盛器内。

　　若遇本人不能吃或不爱吃的菜品，当服务员或主人夹菜时，不可打手势，不可拒绝，可取少量放入盘内，并表示"谢谢，够了"。对不合口味的菜品，勿显出难堪的表情。我方做主人宴请时，席上不必说过分谦虚的话。对来华时间较长的人，不必说这是中国的名酒名菜。在给宾客让菜时，要用公用餐具主动让，切不可用自己的餐具让菜。宾客要注意对方是主人，不宜主动让菜。

　　冷餐酒会，服务员上菜时，不可抢着去取，待送至本人面前时再取。周围的人未取到第一份时，自己不可急于去取第二份。围在菜台旁，取完即离开，以便让别人取食。

　　吃食物要文雅，要微闭着嘴咀嚼，不可发出声响。要将食物送进口中，不可伸口去迎食物。食物过热时，可稍凉后再吃，忌用嘴吹。鱼刺、骨头、菜渣等不可直接外吐，要用餐巾掩嘴，用筷子取出，或轻吐在叉匙内，放在自己的餐碟外半边上。嘴里有食物时不可谈话。剔牙时，要用手或餐巾遮口，不可边走动边剔牙。吃剩的菜，用过的餐具、牙签等都应放在碟内，勿放在桌上。

　　用餐时要注意话语的礼仪，不要独白、不要冷场、不要好为人师、非议他人、不要争辩、反驳等。

1. 使用筷子有哪些讲究

筷子是中国的国粹之一，中餐使用筷子有许多礼仪要求。为了便于大家正确使用筷子，我们对如何使用筷子的问题，总结了 17 点忌讳，供参考。

迷筷，就是筷子伸出却不知夹什么好，举筷不定；

脏筷，就是用筷子在盘里扒拉，无论是整理剩菜还是挑三拣四都不对；

敲筷子，就是用筷子敲桌子，或餐具碗碟；

指筷，就是拿筷子指人；

抢筷，就是两个人同时夹菜，结果筷子撞在了一起；

刺筷，就是夹不起来就用筷子当叉子，扎着夹；

吸筷，就是嗍筷子；

泪筷，夹菜时不干净，菜上挂汤淋了一桌；

别筷，拿筷子当剑使用，撕扯鸡腿什么的；

拉筷，就是正嚼着东西拿筷子往外撕，或者当牙签使；

粘筷，就是筷子上还粘着东西就去夹别的菜；

连筷，同一道菜连夹 3 次以上；

斜筷，要注意吃自己面前的菜，不要吃得太远，不要伸够；

贡筷，就是把筷子插在饭菜上；

分筷，筷子分放在餐具左右，只有在吃绝交饭时才这样摆；

横筷，这表示用餐完毕，客人和晚辈不能先横筷子；

长短筷，就是同时使用不一样长短的筷子，应避"三长两短"的忌讳。

如果筷子掉了，按北京的老礼儿应该用右手捡。宴请回民朋友只能用黑白两色筷，尤其不要用油漆刷过的筷子。

2. 祝酒

作为宾客参加外国举行的宴请，应了解对方祝酒的习惯，如为何人何事祝酒等，以便做必要的准备。碰杯时主人和主宾先碰，人多时可同时举杯示意，不一定碰杯。祝酒时不可交叉碰杯。在主人和主宾致辞祝酒时应停止进餐，停止交谈。主人和主宾讲话完毕与贵宾席人员碰杯后，往往到其他席敬酒，此时应起立举杯。碰杯时要注视对方，以示敬重友好。

宴会上相互敬酒，表示热烈的气氛，但切忌饮酒过量。一般应控制在本人酒量的三分之一以内，不可饮酒过量失言失态。不能喝酒时可以礼貌地声明，但不可把杯子倒置，应轻轻按着杯缘。正式场合敬酒一般上香槟酒，此时即使不会喝酒也要沾一点，不欲再喝时可轻轻与对方碰一下杯缘，即表示已经够了。一般倒入杯中的酒要喝完，不然就违礼了。

敬酒也要宾主有序。由第一主人首先祝酒。或者给老人祝寿时，应该由长子或长女来首先祝酒。如果饭吃了一半主人还没为大家祝酒的意思，客人应该先到主人身边打过招呼后，经其同意再向同桌人祝酒。

两个桌子同时进餐，不要去过多地打扰另一桌进餐的人。去他桌敬酒，只端一个酒杯，不要拿其他东西。敬酒时，应该站在邀请人的右侧。不要太长时间的打扰他人进餐。

用餐要敬酒不劝酒。不要斗酒量，逞强，成心把人灌醉，偷偷地在他人的饮料里倒上烈性酒。

不可在酒席上出现争执、恶谑、佯醉等不良之风。

不可通宵达旦无节制地狂欢酗酒。

3. 宽衣

在社交场合，无论天气如何炎热，不可当众解开纽扣，脱下衣服。小型便宴时，若主人请宾客宽衣，男宾可脱下外衣搭在椅背上。

4. 喝茶（咖啡）

喝茶（或咖啡）时，应右手拿杯把，左手端盛杯的小碟，轻轻啜饮。通常牛奶、白糖均用单独器皿盛放或袋装。如需牛奶、白糖时，可自取加入，用小匙搅拌，搅拌完，小匙放在碟中。

5. 水果

梨、苹果不可整个拿着吃。削皮时刀口朝内，从外向里削。香蕉先剥去皮，用刀切成小块吃，整个拿着吃不雅。橙子用刀切成块吃，橘子、荔枝、龙眼可剥去皮吃。西瓜、菠萝等通常都去皮切成块，然后用叉取食。

6. 水盂

在宴会上如果上鸡、龙虾、水果时，要送上一小水盂，水上飘着玫瑰花瓣或柠檬片，供洗手用。洗手时两手轮流沾湿手指，轻轻刷洗。然后用香巾擦干。

7. 纪念物品

主人有时为参加宴会者备有小纪念品或者一朵鲜花。宴会结束时，主人招呼宾客带上纪念品，此时可说些赞扬小礼品的话，但不必郑重表示谢意。有时宾客往往把宴会菜单作为纪念品带走，还请同席者在菜单上签名留念。除主人特别示意作为纪念品的东西外，各种招待品包括糖果、水果、香烟等都不能带走。

（六）告辞与致谢

1. 告辞

正式宴会，一般在吃水果后宴会即结束。国宴时间是程序一小时四十分钟，我们宴请也可参照此时间，尤其是工作用餐时间不宜过长。此时，一般先由主人向主宾示意，请其做好离席的准备，然后从座位上站起，这是请全体起立的信号。家宴一般以女主人的行动为准，女主人先邀请女主宾离席退出宴会厅。告辞时，应礼貌地向主人握手道谢。通常是男宾先向男主人告别，女宾先与女主人告别，然后交叉，再与其他人告别。

席间一般不应提前退席。若确实有事需提前退席，应向主人打招呼后轻轻离去，也可事前打招呼到时离去。退席时要有礼貌，退席理由应尽量不使主人难堪和心中不悦。从宴会结束到告辞之前，不可有任何不耐烦的表示。

2. 致谢

对主人的致谢，除了在宴会结束告辞时表达谢意之外，若正式宴会，还可在两至三天内致送印有"致谢"或"P. R"字样的名片或便函表示感谢。有时私人宴请也需致谢。名片可寄送或亲自送达。首先致谢女主人，但不必说过谦的话。

（七）西餐进餐礼节

1. 餐具的使用

正规的宴会，每一道食品、菜品都配有一套相应的餐具（刀、叉、匙），并以上菜的先后顺序由外向内排列摆放。进餐时，应先取左右两侧最外边的一套刀叉。

用刀时，应把刀柄的尾置于手掌之中，以拇指抵住刀柄的一侧，食指按在刀柄上，但需注意食指不能触及刀背，其余三指顺势弯曲，握住刀柄。叉如果不与刀并用时，叉齿应朝上。持叉应尽可能持住叉柄的末端，叉柄倚在中指上，中间以无名指和小指为支撑。一般情况下，右手持刀，左手持叉，先用叉子把食物按住，然后用刀切成小块，再用叉送入嘴内。欧洲人使用时不换手，美国人则切割后，将刀放下，换右手持叉送食入口。匙用右手持，方法同持叉，但手指务必持在匙柄之端。

用毕每一道菜，将刀叉合拢并排置于碟中，表示此道菜已用完，服务员会主动撤下。若尚未用完或暂时停顿，应将刀刃呈八字型左右分架或交叉摆在餐碟上，刀刃向内。使用刀叉时，尽量避免其碰撞，以免发出大的声音，更不可挥动刀叉与别人谈话。

2. 西餐一般程序

第一道菜，冷菜也叫开胃小菜，与开胃酒并用。

第二道是汤，汤分清汤、奶油浓汤。清汤用料考究，营养价值高。

第三道是主菜，有鱼、猪肉、牛肉、鸡等，西餐常用的鱼贝类有比目鱼、左口鱼、鳟鱼、凤尾鱼、鳊鱼、扇贝等。大都用煮、扒的烹调方法。牛肉是西菜中最主要的肉类，牛脊骨两旁的肉叫西冷，可用制作西冷牛排。羊肉为英国人所爱好，法式菜也常用。

第四道是蔬菜，常见菜有花菜、酿香茄、炸土豆片、生菜沙拉等。

第五道是甜食，常用的有冰淇淋、布丁等。

最后是咖啡，至于水果，可上可不上。

3. 进餐礼仪

先吃鱼肉海鲜（被认为是白肉），配白葡萄酒；后吃鸡、鸭、牛、羊肉（被认为是红肉），配红葡萄酒。

西餐喝汤使用勺子是从内向外舀。如汤、菜太热，勿用嘴吹，可等稍凉后再吃。喝汤时不要以嘴就碗去啜，也不要出声。宴会上的面包都是用手撕成小块，抹上黄油吃，整咬、刀切、叉挑、用汤泡都不对。往面包、蛋卷、饼干或土司上抹黄油要用刀，而且小块面包只能抹少量的黄油。

切带骨头或硬壳的肉食，叉子一定要把肉叉牢，食指压在刀把上，刀紧贴叉边下切以免滑开。注意不要过于用力，撞击盘子发出声音。

不易叉的食品可以用刀轻轻推上叉。吃米饭时，可以用刀把饭压在叉上盛起来吃，也可用叉尖把饭铲起来吃。

吃带骨头的鸡、鸽子等或带皮的大虾、龙虾时，如主人打了招呼，那么可以用手撕着吃；如主人没打招呼，就应用刀叉。先用叉子按住鸡或虾，再用刀将肉剥下来，切成小块吃。

每道菜吃完后，将刀叉并拢平排放盘内，以示吃完。如未吃完，则摆成八字或交叉摆，刀口向内。不能摆成十字架形。

西餐要在餐桌上配调料，吃煎炸食品或腥味食品时，往往盘上有一两片柠檬，不要当水果吃掉，而是将汁挤到食品上调味去腥。羊肉、猪肉，配红葡萄酒。餐桌上的盐、胡椒瓶，通常盐瓶三个眼，胡椒瓶五个眼。有少数盐瓶一个眼，胡椒瓶三个眼。

吃咖喱菜时，可把花生、椰子、酸辣酱等调料放到盘子里混合后配咖喱食用。

除了面包，还有几种食品可以用手拿着吃，如烤鸡、龙虾、炸薯片、炸咸肉片和芹菜等。

就餐时不可高声谈笑，更不可狼吞虎咽。不可在餐桌边化妆或用餐巾擦鼻涕。用餐时打嗝是最大的禁忌。别人讲话不可搭嘴插话。在餐台取食时不要站立取食，坐着拿不到的食物应请别人传递。

饮酒干杯时，即使不喝，也应将杯口在唇上碰一碰，以示敬意。当别人为你斟酒时，如不需要，可简单地说一声"谢谢"，同时以手稍盖酒杯，表示谢绝。

吃鸡时，应先用刀将骨去掉，不要用手拿着吃。吃鱼时不要将鱼翻身，要吃完上层后用刀叉将鱼骨剔掉后再吃下层。吃肉时，要切一块吃一块，块不能切得过大或一次将肉都切成块。

吃鱼、肉等带刺或骨的菜肴时，不要直接外吐，可用餐巾捂嘴轻轻吐在叉上放入盘内。如盘内剩余少量菜肴时，不要用叉子刮盘底，更不要用手指相助食用，应以小块面包或叉子相助食用。吃面条时，要用叉子先将面条卷起，然后送入口中。

不得乱抛果皮果核，应将其放在盘内或烟灰缸中。如两者都不够用时，可放在桌面上。

宴会上，上鸡、龙虾时，有时送上一个水盂（铜盆、瓷碗或水晶玻璃缸），水上漂有玫瑰花瓣或柠檬片，供洗手用。不要错喝。

4. 意外情况处理

宴会进行中，由于不慎，发出声响，或餐具摔落在地上，或打翻酒水等等，应沉着，勿着急。餐具碰出声音，可轻轻向邻座（或向主人）说一声"对不起"。餐具掉落可由招待员送一副。酒水打翻溅到邻座身上，应表示歉意、协助擦干；如对方是妇女，只要把干净餐巾或手帕递上即可，由她自己擦干。

特别提示：

不要往蔬菜上抹黄油，因为这被认为是对厨师的污辱。

遇到不爱吃的东西，可少吃一点。不能一点也不动。

在进餐过程中，不可吸烟，直到上咖啡表示用餐结束。如左右有女客人，应有礼貌地询问一声"您不介意吧"。

西方人用餐有六不吃：1. 不吃动物内脏；2. 不吃动物的头和脚；3. 不吃宠物，尤其是猫和狗；4. 不能吃珍稀动物；5. 不吃淡水鱼，淡水鱼有土腥味；6. 不吃无鳞无鳍的鱼、蛇、鳝等。

洋酒符号与年代

- ☆   3 年
- ☆☆   4 年
- ☆☆☆   5 年
- V. O.   10—12 年
- V. S. O.   12—17 年
- V. S. O. P.   20—25 年
- V. U. S. O. P.   40 年
- X. O.   40 年以上

（八）不妨试试 AA 制

　　AA 制是一种流行于西方的方式，通常指朋友聚会时，无论一起吃饭，还是共同娱乐，开销每个人自己付款。这个方法传到中国，开始不太被看好，中国有重义轻利的传统，不愿意斤斤计较。中国人是世界上最爱面子的民族，实行 AA 制怕被人看不起。但是近些年 AA 制逐渐流行起来，甚至有人提倡夫妻间也实行 AA 制，我们建议在聚会时不妨试试 AA 制。

　　因为现在社会交往越来越多，如果聚会由一个人付费，会在经济上与精神上造成压力。例如：同事聚会一个班来了 20 人，谁请客？其实外国人实行 AA 制，也不是舍不得钱，主要是对尊严理解不同，他们不愿意欠人情，不愿意为了寻找机会回请，干扰今后的生活，最好今日事，今日毕。大家都有面子，都省心。现在中国人聚会越来越多，AA 制值得借鉴。

（九）请客点菜别为难

请客聚餐有一件让人费心的事就是如何点菜才好。这不仅是价格问题，还包括由谁来点，点什么，点多少，一次点完，还是边吃边点。

一般正式请客由主人安排好菜单，但事先应调查好对方的禁忌爱好。一般聚会，可以请客人随意点自己爱好的菜，主人再推荐特色菜，补充表示敬意的高档一点的菜。

点菜必须兼顾来宾（尤其主宾）的下列饮食禁忌：

宗教禁忌。对此要是不了解，或是贸然犯禁，都会带来很大的麻烦。

地方禁忌。不同的地区的饮食偏好往往有不同。"南甜北咸，东辣西酸"，安排菜单时应予以兼顾。

职业禁忌。有些职业，在餐饮方面往往有各自不同的禁忌。例如，国家公务员在执行公务的时候不准吃请；一般不准超过国家规定的标准，不准饮用烈性酒。再如，驾驶员在工作期间，不得饮酒。要是忽略了这一点，不仅是不尊重，还有可能使其犯错误，惹麻烦。

个人禁忌。有些人，由于种种因素的制约，在饮食上往往会有一些特殊要求。比如说，有人不吃鱼、肉、蛋；有的人怕辣；有不少人得了富贵病。例如：糖尿病、脂肪肝等；另外还有海鲜过敏、酒精过敏、牛奶过敏、大豆过敏等等。这不是什么缺点，应充分予以照顾，不应对此说三道四。

特别提示：除正式宴会，点菜数量采取"N＋1"的方法比较科学，即比出席总人数多点一道菜，如8个人点9道菜。一般不会不够或浪费。当然，也要考虑地区与菜量的不同。一般东北菜量最大，粤菜、沪菜比较精致，量少。另外烤全羊与烤麻雀会有很大差别。

一般正式宴请，是有备而来，通常一次点好菜。如果去一个新饭店，品尝新菜肴，视情况最后增点主食或加菜并不算失礼。

第四节 | 舞会礼仪

舞会，一般是指以参加者自愿相邀共舞为主要内容的一种文娱性社交聚会。舞会也可以是学校为了庆祝校庆等喜庆活动和欢迎来宾的公共关系手段。舞会还是人际交往，特别是异性之间所进行的交往的一种轻松、愉快的良好形式。在舞会上，人们可以自娱，也可以娱人，还可以联络老朋友，结识新朋友，进一步扩大自己的社交圈。

一、舞会的组织

在较为正式的舞会上，通常需要由一位经验丰富、具有组织才能的人士充当舞会主持人。在一般情况下，主持人应由女士担任。主持人的主要任务，是控制、调整场内的情绪，使舞会始终保持欢快、热烈的气氛。

在时间较长、较为正式的大型舞会上，主办方应为来宾提供适量的饮料、点心和果品，以供客人随意取食。

在组织一般性的社交舞会时，应当注意的主要问题是：主题、时间、场地、曲目、来宾、接待等等。

（一）主题

举办舞会首先要"师出有名"，为其设计一个主题，如国庆、校庆、新年联欢、校际联欢、欢度佳节、款待贵宾等等。在一般情况下，周末和节假日，也非常适宜举办舞会。

（二）时间长度

确定一次舞会的具体长度，应当兼顾大家尽兴又不要令人过度疲劳，不要有碍工作和生活。在正常情况下，舞会最适合于傍晚开始举行，并以不超过午夜为好。其最佳的长度，通常被认为是 2—4 小时。

（三）场地

舞会举行的地点要考虑人数、交通、安全问题，也要注意其档次与气氛是否适宜举办舞会，还须量力而行。

举办一般舞会，可以用学校的场地，重要大型舞会，可以用文化馆或是营业性的舞厅。

舞池的大小应当适度。它最好与跳舞的总人数大致般配，不低于人均 1 平方米最佳。地面务必干净平整。若其过脏、过滑、过糙，都会有碍于跳舞。舞厅内可以张灯结彩，创造欢快气氛，灯光应当总体柔和，而又有所变化。过强、过弱，都不甚合适。正式舞会最好安排乐队伴奏，以示重视和保证气氛。音响需要认真调试。其音量要适度，切勿以噪声扰人。舞池的周围最好设置足够的桌椅，它主要专供跳舞者在舞会期间休息之用。

（四）曲目

舞曲是舞会的导向和灵魂。选择舞曲时，要照顾大多数人的需要，可以采用中外名曲，切忌"曲高而和寡"。在一般情况下，最好选择众人熟悉的，节奏鲜明、清晰，旋律优美、动听的曲目。曲目的安排应当有"快"有"慢"，有"三步"、有"四步"；在节奏上令人一张一弛。选择曲目，还须遵守约定俗成的惯例。一旦播放《友谊地久天长》或《一路平安》则等于告知舞会结束。

在正式的舞会上，最好提前将选好舞曲印成曲目单，届时人手一份。跳舞者一看到曲目单上的舞曲数量，便对舞会的时间长度略知一二了。

二、邀请来宾

对于舞会的来宾，组织者要做的主要工作有约请、限量、定比，等等。

约请与会者应当根据主题而定，与场地配合。舞会的组织者就要采取一切可行的具体措施，以保证舞会的全体参加者在总量上做到男女比例大致相仿，基本上各占一半。对已婚者一般均邀请夫妇共同出席。

确定舞会参加者的名单后，应尽早以适当的方式向对方发出正式邀请。书面邀请最为正规。请帖上注明舞会持续时间，客人在其间可以根据个人情况任意到场和退席。为了便于被邀请者早作安排，在一般情况下，最好令对方在舞会举行的两周之前得到邀请。届时还应当提前电话确定。

三、出席舞会

（一）准备

当接到主人的邀请时，如无特殊情况，应愉快接受，应当明确告知主人是否应邀前往，是否带舞伴参加等情况。如遇特殊情况不能前往，应向主人说明理由。

接受邀请后应做好准备工作。首先，应该修饰仪表仪容，总的要求是整洁、大方，女士要化妆，并注意发型。舞会的着装必须干净、整齐、美观、大方。有条件的话，可以穿格调高雅的礼服、时装、民族服装，衣着可华贵些，可以佩戴饰物，但要注意得体。一般不允许穿外套、军装、警服、工作服。服装忌讳过露、过透、过短、过小、过紧。若举办者对此有特殊要求的话，则须认真遵循。

舞会进行中即使天气炎热，如主人未表示请宽衣，男宾不能随意脱下外衣。

夜晚参加舞会，舞场里肯定彩灯高照，故舞会妆允许相对化得浓烈一些，但不可过分妖艳。男士可着其他礼服。男女上舞场最好往身上洒点香水。男青年要给人以充满青春活力的印象，女青年要显得端庄大方，热情活泼。

应邀者热天参加舞会前要洗澡，以免汗气熏人，让对方不快。参加舞会前饮食要合理，过饥、过饱都是不适宜的。不要饮酒和吃葱蒜之类的食物，以免产生异味影响对方。应事先刷牙漱口，清除口中的异味，必要时可准备一些口香糖之类的食品。

如遇身体不适，最好不要带着病倦的身体勉强参加舞会。

（二）邀请舞伴

待舞曲响起时，应主动邀请舞伴，相伴而舞。通常由男士去邀请女士，不过女士可以拒绝。此外，女士亦可邀请男士，然而男士却不能拒绝。在较为正式的舞会上，尤其是在涉外舞会上，同性之人切勿相邀共舞。根据惯例，在舞会上一对舞伴只宜共舞一支曲子。接下来，需要通过交换舞伴去扩大自己的交际面。舞会上的第一支舞曲，一般讲究男士要去邀请与自己一同前来的女士共舞。如有必要，他们二人还可以在演奏舞会的结束曲时再同跳一次。男子应避免全场只同一位女子共舞。

邀请舞伴。可先向被邀请者的同伴含笑致意，然后再彬彬有礼地询问被邀请者："能否有幸请您跳一次舞？"如果自觉直接相邀不便，或者把握不是很大时，可以托请与彼此双方相熟的人士代为引见介绍，牵线搭桥。

在舞会自行选择舞伴时，亦有规范可循。最好先适应一下四周的气氛，进行一下细心的观察。一般说起来，最理智的选择是要注意选择：年龄相仿之人；身高相当之人；气质相同之人；舞技相近之人；无人邀请之人；未带舞伴之人；希望结识之人。

就主人方面而言，自舞会上的第二支舞曲开始，男主人应当前去邀请男主宾的女伴跳舞，而男主宾则应回请女主人共舞。接下来，男主人还须依次邀请在礼宾序列上排位第二、第三……的男士的女伴各跳一支舞曲。

女方不应无故拒绝男子邀请。拒绝他人时，语言不宜僵硬、粗鲁。通常，拒绝别人应在说明原因时使用委婉、暗示的托词。例如"已经有人邀请我了"、"我累了，需要单独休息一会儿"、"我不会跳这种舞"。需要注意，一旦已辞谢邀请后，一曲未终，不要再与别的男子共舞。

（三）共舞礼仪

在舞场上跳舞时，按规范，步入舞池时，须女先男后，由女士选择跳舞的具体方位。而在跳舞的具体过程中进行合作时，则应由男士带领在先，女士配合于后。

每个人在跳舞之时，舞姿均应符合文明规范，身体都应保持平衡，步法切勿零碎、杂乱。在舞场上跳舞时，除交谈之外，在跳舞时切勿长时间地紧盯着舞伴的双眼。万一碰到了双方身体的其他部位，应立即为自己的不慎向对方说一声"对不起"。

一般自己不熟悉的舞步，不要下场。

跳舞时所有人的行进方向，都必须按照逆时针方向进行，惟有如此，方能确保舞池的正常秩序，不至于发生跳舞者互相碰撞拥挤的状况。

有乐队伴奏时，一曲舞毕，跳舞者应首先面向乐队立正鼓掌，以示感激。此后，方可离去。在一般情况下，男士应当将自己所请的女士送回其原来的休息之处，道谢告别之后，才能再去邀请其他女士。

跳舞时不可以吸烟，不得大声喧哗，更不能戴口罩。要遵守舞会秩序。

与互不相识的舞伴跳舞时，可略作交谈。其内容以称道对方的舞技、表扬乐队的演奏等等为佳。有时，也可以进行简短的自我介绍。不要在跳舞时伺机向对方提出单独约会的请求，表白"一见钟情"的爱慕之意。

当音乐停止，主持人宣布本次舞会结束时，要听从安排，按时结束，不能因为自己没有跳够而迟迟不愿退场，也不能急匆匆地抢在别人前面离去。应该向主人道别后，将衣帽穿戴整齐，然后退出舞场。

第五节｜乘坐车、船、飞机的礼仪

随着人民生活水平的提高，乘坐车、船、飞机的机会越来越多，有的老师还自己购买了私家车，但是乘坐车、船、飞机也应当注意礼仪，才能全面体现教师的风采。

一、乘车的礼仪

我们乘车时无论是轿车还是出租车常常被让到副驾驶的位子，以为这里视野开阔，伸得开腿，是比较好的位置，可是按照礼仪规范，却常常是错误的。

乘车应遵循女士、客人、长者、身份高者为尊的原则。届时还要看是谁开车，开什么车，客人本人意愿等。

通常，将车开到客人（尊者等）跟前，帮助客人打开右侧车门，以手遮挡着上门框，站在客人身后请客人上车。客人从右侧门上车，主人绕到左侧门上车，避免从客人座前穿过。遇客人先上车，坐到了主人的位置上，则不必请客人挪动位置。

（一）小轿车座位排序

以两排座，由司机驾驶为例，以后排右侧位为首位，左侧次之，中间座位再次之，前座右侧殿后，前排中间为末席。三排座，由司机驾驶时，三排座（9人以下，不含9人）各排次序是1后、2中、3前；每排的次序为1右、2左、3中。

如由主人亲自驾驶，或者乘坐吉普车，以驾驶员右侧为首位，后排右侧次之，左侧再次之，而后排中间座为末席。

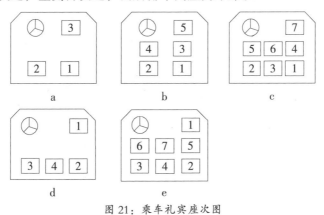

图 21：乘车礼宾座次图

（1）a～c为司机驾车的情况，d～e为主人驾车的情况。

（2）图中1号位置为尊者宾客，2号位置通常为主人，3号位置通常为秘书、翻译、公关员，方向盘处为司机位置。

（3）图中前为尊，面对车头"左为上"。

9座（不含9座）以下为小轿车。

（二）大轿车座位排序

所谓大轿车包括旅游车，指9座（含9座）以上的轿车。

大轿车各排的尊卑是司机座后第一排为尊，越往后越小。座位的尊卑排序：站在车内，面向前方时，每排从右往左尊卑次序递减。

乘坐大轿车与乘坐小轿车在进入轿车时的礼宾程序相对反，乘坐小车是尊者，即女士、身份高者先进车厢，男士、身份低者后进。但是乘坐大轿车时礼宾程序要求男士、身份低者先进，坐在后面的位置；尊者，即女士、身份高者等后进车厢，后上车，最重要的客人最后上车，由工作人员、导游关好车门。

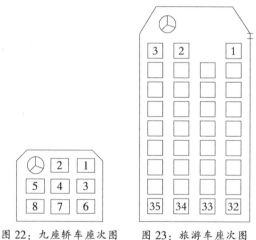

图22：九座轿车座次图　　图23：旅游车座次图

提示：有些旅游车前方没有导游的位子，1号位子是留给导游的，这时，最高领导可以坐在2号位，或者3号位，2号空着，因为一般情况下，乘船、乘飞机临窗口的座位要高于临通道的座位。

（三）乘坐公共交通车的礼仪

教师乘坐公共交通车时，应当自觉遵守乘车管理规定，维护乘车秩序，举止文明，相互礼让。

要注意在规定地点候车，按顺序乘车，不强行上下。

乘车及时购票，主动出示车月票，接受查验。

不携带危险品和有碍乘客安全的物品、动物乘车。

保持站内、车内环境卫生，不喧哗，不吸烟，不随地吐痰，不乱扔废弃物。

爱护车站、车内设施，不蹬踏座椅，不乱写乱画，不损坏公物。

照顾老幼病残孕乘客，主动让座，不赤膊乘车，雨天乘车脱掉雨衣。

协助乘务人员维护站内、车内治安秩序，与危害社会治安的行为作斗争。

二、乘客轮的礼仪

电影《泰坦尼克》中有个经典镜头，男女主人公攀越栏杆，作了迎风飞翔的姿势，伴随着《我心飞翔》主题曲，浪漫异常，许多年轻人都想学一学，可是这恰恰违背了乘船礼仪，不应效仿。

乘坐客轮较飞机、火车活动空间大，因而更舒适、自由。然而惟有乘客轮时人人都讲礼仪，才能使旅行更舒畅。

（一）客轮的舱位是分等级的。我国的客轮舱位一般分特等舱、一等舱、二等舱、三等舱、四等舱、五等舱等几种。客轮实行提前售票，每人一个铺位，游船也实行对号入座。船上的扶梯较陡，上、下船大家应互相谦让，注意安全。

（二）乘客轮时要注意安全，风浪大时要防止摔倒；到甲板上要小心；带孩子的乘客要看住自己的孩子；吸烟的乘客要避免火灾。

（三）船上的服务设施齐全，可以邀请其他乘客一起娱乐，但是一定要两厢情愿，不可强求。若房中其他乘客出门，也不要好奇去翻动同房乘客的物品。

（四）乘船时要注意小节。如不要在船上四处追逐；不要在甲板上将收录机放到很大音量；不要在客房大吵大嚷；晕船呕吐去卫生间；遇上景点拍照不要挤抢等。

（五）如乘高级客轮，在船上用餐时，晚餐须着礼服或深色西服，应避免穿短裤、拖鞋或泳装进餐。越洋巨轮等级分明。其餐厅、走廊及其他各种设施之使用均有规定，须注意遵守。

（六）乘坐江轮等普通轮船时注意有些乘客携带东西比较多，要注意不要挡住通道，晚上更不要在甲板或通道上睡觉。

特别提示：

1. 不要在船头挥动丝巾或晚上拿手电乱晃，以免被其他船只误认打旗语或灯光信号。

2. 要注意船上的忌讳，如不要谈及翻船、撞船之类的话题，不要在吃鱼时说"翻过来"或"翻了"、"沉了"之类的语言。

三、乘飞机的礼仪

飞机是我们可以享受的最快捷的运输工具，也是对乘客要求最严格的交通工具。由于乘坐飞机的特殊性，乘坐飞机的礼仪也比较特殊。

1. 乘飞机的时间要求和安全保卫比其他交通的要求要严格得多。首先，要提前一点儿到达机场，留有充分的办理登机牌和通过安全检查的时间，按照规定，国内乘机应当提前30分钟换取登机牌，如果你时间仅晚一秒钟，只要电脑关闭，就无法换登机牌登机。国际班机提前的时间会要求更多。

2. 尽可能将大件行李托运，避免上飞机时碰到别人。

3. 登机后尽快放好物品，不要在飞机通道占时间太多。

4. 尽快坐好，系好安全带，起飞与降落时关好移动电话、手提电脑、激光唱机、调频收音机等电子设备。飞机平稳飞行后可以使用手提电脑。全程均不可以使用手机。

5. 当空中小姐在为大家解说逃生方法时，要保持安静，不要喧哗。

6. 有困难可以按铃请空中小姐帮助，服务时要尊重空中小姐。

7. 要保持安静，不要高声谈笑。尤其是夜间飞行或身边有人休息时，以免影响其他乘客。

8. 使用盥洗室，要维护卫生，抓紧时间，不要让想使用盥洗室的人在外面苦等。

9. 在飞机场或候车室内都是不能脱鞋的；而在国际航班和火车上，可以脱下鞋充分地休息。脱鞋行为本身并不失礼，失礼之处往往在于因为脱鞋而"污染"空气。乘飞机应换上干净的鞋子和袜子。有汗脚的人最好自觉不脱鞋。

10. 飞机停妥后，等广播提示后再起立走动或拿取行李，以免摔落伤人，影响机上秩序。

乘飞机的禁忌：

1. 不得携带有碍飞行安全的物品。在乘坐飞机时通常都规定：任何乘客不得携带枪支弹药、管制刀具以及其他一切武器和凶器，不得携带一切易燃易爆、剧毒、放射性物质以及其他任何有碍航空安全的危险物品。

2. 不要吓唬别人。不宜谈论有关劫机、撞机、坠机一类的不幸事件，也不要对飞机的性能与飞行信口开河，以免增加他人的心理压力，制造恐慌。

3. 带孩子的乘客应当避免小孩在机上嬉戏喧闹。

4. 不在非吸烟区及厕所内吸烟。

5. 不要在座位上随意摇晃，也不要把椅背调得太靠后，以免妨碍他人。

特别提示：

1. 飞机空间比较小，尽量不要影响别人。应当注意公德。遇到意外听从有关安排，有矛盾可以通过正当程序解决。

2. 飞机是对安全要求最高的运输工具，对于问题的处理特别严格。曾有人开一句玩笑说有炸弹，然后又说没有。结果飞机停飞检查，肇事者被逮捕。

第六节 | 国旗礼仪

国旗是国家的一种标志，是国家的象征。悬挂国旗是一种外交礼遇与外交特权，人们往往通过悬挂国旗，表示对本国的热爱或对他国的尊重。但在一个主权国家领土上，一般不得随意悬挂他国国旗。不少国家对悬挂外国国旗都有专门的规定。在国际交往中，还形成了一些悬挂国旗的惯例，为各国所公认。

一、悬挂国旗的几种场合

在国务院各部、全国各级人大、政府、法院、检察院、政协、全日制学校的工作日，在建筑物上或室外悬挂国旗。

按国际关系准则，一国元首、政府首脑在他国领土上访问，在其住所及交通工具上悬挂国旗（有的是元首旗）是一种外交特权。

东道国接待来访的外国元首、政府首脑时，在隆重场合，在贵宾下榻的宾馆、乘坐的汽车上悬挂对方（或双方）的国旗（或元首旗），这是一种礼遇。

国际上公认，一个国家的外交代表在接受国境内，有权在其办公处和官邸，以及交通工具上悬挂本国国旗。

在国际会议上，除会场悬挂与会国国旗外，各国政府代表团团长亦按会议组织者有关规定，在一些场所或在车辆上悬挂本国国旗（也有不挂国旗的）。有些展览会、体育比赛等国际活动，也往往悬挂有关国家的国旗。在大型国际比赛中，还往往为获前三名的运动员升挂其代表国家的国旗。

二、悬挂国旗的类型与方法

1. 在建筑物上，或室外悬挂国旗。一般应在日出升旗，日落降旗。有时需要悬旗志哀，如外国元首逝世，通常的做法是降半旗，即先将旗升起来至杆顶，再下降至距杆顶相当于杆长三分之一的地方。降旗时，也应先将旗升至杆顶，然后再下降。也有的国家不用降半旗的做法，而是在国旗上方挂黑纱志哀。

升降国旗时，服装要整齐，要立正脱帽行注目礼，有的国家还举行升降旗仪式，不能使用破损和污损的国旗。升国旗一定要升至杆顶。

2. 悬挂双方国旗，按照国际惯例，以右为上，左为下。但这是以旗面本身为准的，搞不好会弄错。所以还应记住以挂旗人为准，"面对墙壁左为上，右为下"。挂旗时，挂旗人必然面对墙壁，这时左为上，就挂客方国旗，右为下，挂主方国旗。乘车时应记住"面对车头左为上"，左边挂客方国旗，右边挂主方国旗（有的书说以汽车行进方向为准，驾驶员右手为上）。所谓主客标准，不以在哪国举行活动为依据，而以活动举办的主人为依据。如外国代表团来访，东道国举办欢迎宴会，东道国是主人；答谢宴会，来访者是主人。

也有个别国家，把本国国旗挂在上手位。

3. 国旗的图案。由于国旗是一个国家的标志与象征，代表一个国家的尊严，所以悬挂国旗时，一定不能将国旗挂倒。一些国家的国旗由于文字和图案的原因，不能竖挂和反挂。有的国家明确规定，竖挂时需另制国旗，将图案转正。例如朝鲜民主主义人民共和国国旗竖挂时，五角星的一个星尖应依然朝上。因此，正式场合悬挂国旗宜以正面（即面对墙壁旗杆套在左）。面向观众，不用反面。

4. 国旗尺寸。各国国旗图案、式样、颜色、比例均由本国宪法规定。不同国家的国旗有时长、宽比例是不同的，如果用同样尺寸制作，两面国旗放在一起，就会显得大小不一。如同样 6 尺宽的旗，三比二的旗就显得较二比一的旗大。因此，并排悬挂不同比例的国旗，应将其中一面略放大或缩小，以使旗的面积大致相同。

自我评价

自我测试题	是 "√"	否 "×"
1. 在与人交往过程中，是否注意使用尊称。	☐	☐
2. 在与人交往过程中，是否注意区别场合来称呼他人。	☐	☐
3. 在与人交往过程中，是否使用过容易发生误会的称呼。	☐	☐
4. 在与人交往过程中，遇到不认识名字是否每次都查字典或问别人。	☐	☐
5. 在与人交往过程中，是否注意尊重异性。	☐	☐
6. 是否了解涉外礼仪。	☐	☐
7. 在与人交往过程中，是否掌握握手的时机。	☐	☐
8. 在与人交往过程中，是否掌握握手的禁忌。	☐	☐
9. 在交往过程中，握手时通常是女士先伸手。	☐	☐
10. 递交名片最好是右手。	☐	☐

续前表

自我测试题	是"√"	否"×"
11. 收到名片后，应该首先念对方的职务。	☐	☐
12. 馈赠礼物不一定有包装。	☐	☐
13. 馈赠礼物一定要有针对性。	☐	☐
14. 赠花时通常可以赠送菊花、杜鹃花、石竹花（康乃馨）、黄色花朵。	☐	☐
15. 给外宾送礼时，应注意礼物务必贵重一些。	☐	☐
16. 各种宴请活动的请柬一般提前一周至两周发出。	☐	☐
17. 主宾坐男主人左上方，其夫人坐在女主人右上方。	☐	☐
18. 正式欧洲西餐应当左手拿刀右手拿叉。	☐	☐
19. 用餐前，应当用餐巾或口纸擦餐具，以免餐具不洁。	☐	☐
20. 用餐时，对使用筷子的16项禁忌都已经掌握。	☐	☐
21. 宴会上相互敬酒，一般应控制在本人酒量的三分之一以内。	☐	☐
22. 若尚未用完或暂时停顿，应将刀刃呈八字型左右分架或交叉摆在餐碟上，刀刃向内。	☐	☐
23. 西餐喝汤使用勺子是从内向外舀。	☐	☐
24. 宴会上遇到不爱吃的东西，为了节约可以一点也不动。	☐	☐
25. 中国人聚会越来越多，但是不可以使用AA制。	☐	☐
26. 舞会上女方可以无故拒绝男子邀请，男子不可拒绝女子。	☐	☐

续前表

自我测试题	是 "√"	否 "×"
27. 舞会上同性可以共舞，与礼仪无妨。	☐	☐
28. 悬挂双方国旗，按照国际惯例，以右为上，左为下。	☐	☐
29. 学校应当在每天日出时刻升国旗。	☐	☐

图书在版编目（CIP）数据

教师礼仪/李兴国，田亚丽编著.—上海：华东师范
大学出版社，2013.5
（大夏书系·十年经典）
ISBN 978 - 7 - 5675 - 0818 - 7

Ⅰ.①教… Ⅱ.①李… ②田… Ⅲ.①教师—礼
仪 Ⅳ.①G451.6

中国版本图书馆 CIP 数据核字（2013）第 131273 号

大夏书系·十年经典

教师礼仪

编　著	李兴国　田亚丽
策划编辑	吴法源　殷艳红
审读编辑	杨　坤
封面设计	奇文云海
版式设计	金龙涛工作室
责任印制	殷艳红
出版发行	华东师范大学出版社
社　　址	上海市中山北路 3663 号　邮编 200062
网　　址	www.ecnupress.com.cn
电　　话	021 - 60821666　行政传真　021 - 62572105
客服电话	021 - 62865537
邮购电话	021 - 62869887　地址　上海市中山北路 3663 号华东师范大学校内先锋路口
网　　店	http://hdsdcbs.tmall.com/
印 刷 者	北京密兴印刷有限公司
开　　本	710×980　16 开
印　　张	13
插　　页	2
字　　数	185 千字
版　　次	2013 年 8 月第一版
印　　次	2015 年 11 月第二次
书　　号	ISBN 978 - 7 - 5675 - 0818 - 7/G·6558
定　　价	30.00 元
出 版 人	朱杰人

（如发现本版图书有印订质量问题，请寄回本社市场部调换或电话 021 - 62865537 联系）